幕末維新おもしろ

これが噂のフルベッキ写真（慶応元年正月　上野彦馬写真スタジオ）

はじめに

幕末のクライマックスといえる慶応三年（一八六七）の半ばをすぎても、武力倒幕すなわち討幕派はいまだ少数派だった。そんな時代から一気に、江戸幕府の滅亡と明治維新の実現へもっていけたのは、ひとえに薩摩藩討幕派の巧みな戦術があったがゆえだ。その中心となったのが『西郷《せご》どん』こと西郷隆盛である。ところが、当時、薩摩藩内でも討幕派は少数派であり、国元では京で暗躍する「西郷を殺せ」という声まであった。いったい西郷はどんな魔法を使って維新を実現したのか。幕末史はいまだ「謎」だらけだといえる。

たとえば、江戸幕府の屋台骨が大きく揺らぐ契機となった「桜田門外の変」においても、大老井伊直弼（彦根藩主）がたった一発の銃弾で即死していたとする新史料が発掘されている。維新を実現してからの歴史をみてもしかり。「西郷は征韓論者ではなかった」という説も登場して、明治の政治史が塗り替えられようとしている。

また、「破約《はやく》攘夷」と「即今《そっこん》攘夷」、「倒幕」と「討幕」のそれぞれどこがどうちがうのか。知っているようで知らない「幕末用語」もある。このほか、幕末の巷を血に染めた暗殺事件の多くがいまだ未解決。代表的事件といえる坂本龍馬殺害も、史料を読みこんでいくと、中岡慎太郎暗殺の巻き添えを食らって殺された可能性が浮上する。いままでは、その坂本が成立させたという薩長同盟（盟約）の意義が見直され、彼が明治後、「世界の海援隊」をやろうとしていたという話も疑われるようになった。

このように幕末維新は歴史ミステリーの宝庫でもある。そこで、幕末維新のあらゆる「謎」を読者諸兄とともに解き明かしていこうと思う。

本書では「五〇のミステリー」をピックアップし、それぞれの「謎」ごとに検証を試みた。なかには薩摩藩や西郷が登場しない事件もある。とくに幕末は、幕府や長州・土佐藩などがそれぞれの立場から時代の変革をめざした時代でもある。西郷と薩摩藩の動きだけに絞るわけにはいかない。ただその場合も、幕末維新史には欠かせない西郷の動きがわかるように配慮したつもりだ。とくに第一部では、ほぼ年代順に配置してあるので、ミステリーを「一」から順に読んでいただくと、幕末維新の流れや西郷の動きがよく理解いただけると思う。もちろん、興味ある「ミステリー」から優先して読んでいただいてもかまわない。

本書が読者諸兄の推理の一助となるのであれば、筆者としてこれ以上の喜びはない。

二〇一七年九月

跡部　蛮

其の二　疾風怒涛の「西国雄藩」と「幕府」　幕末争乱編

其の三　幕末動乱のクライマックス！　大政奉還・王政復古編

其の四 内乱勃発！ 戊辰戦争編

其の五 明治維新なる！ 新政府編

第二部 西郷隆盛と幕末暗黒史

其の一 『西郷どん』ってどんな人? 西郷隆盛編

其の二 『西郷どん』を取り巻く人々 幕末維新人物編

第一部

ペリー来航から明治維新まで

大政奉還の舞台となった二条城の現在

其の一　日本の夜明けか？

幕末開港編

一　のミステリー

江戸時代の人たちは日本が「鎖国」しているとは思っていなかった！

嘉永六年（一八五三）六月三日、浦賀沖にペリー艦隊が姿を現した。浦賀でペリー艦隊の旗艦「サスケハナ」を見た日本人らは驚愕し、艦《ふね》が黒塗りの船体であったために「黒船」と呼んで畏怖した。

このとき、『西郷《せご》どん』こと西郷隆盛（吉之助）は二十七歳。前年に父吉兵衛を亡くし、家督を継いだばかりの西郷は明けて嘉永七年の初め、島津斉彬《なりあきら》が藩主になって初めてとなる参勤交代で江戸入りする伴備えの一人として同行。西郷は、黒船騒動に沸く歴史の表舞台に登場することになる。その江戸滞在中に西郷は水戸藩の藤田東湖や越前福井藩の橋本左内らの名士らと知り合い、「薩摩に西郷あり」と名を馳せてゆく。

一方、幕府内では寛永年間（一六二四年〜一六四三年）以来の「祖法」である「鎖国」を守るべきか、それとも「開国」するかを巡って紛糾し、やがて幕府が「開国」を選択すると、「攘夷」の声が大地を覆い、開国派を国賊と決めつける攘夷派によって「天誅」の血風が吹き荒れることになる。黒船来航をもって幕末の争乱のはじまりとするのはそのためだ。

ここで、本当に「鎖国」は寛永以来の「祖法」だったのかという問題へ立ち返ってみたい。たしかに、江戸時代の初めにキリスト教を禁じ、次第に貿易の統制を強めていった江戸幕府は、寛永十六年（一六三九）にポルトガル船の来航を禁止。二年後にはオランダの平戸商館を長崎の出島に移して監視下に置き、ここに鎖国体制が完成する。多くの読者が高校時代にそう習ったはずだ。しかし、現在の高校教科書からは「鎖国」の文字が消えつつある。鎖国という言葉を使っている教科書でも「当時の日本では、自分たちの国が鎖《とざ》された国であるとの認識が希薄であった」などと注釈をつけている。

そもそも、鎖国と呼ばれる体制下でも、長崎でオランダ・中国との貿易が認められていた。完全に国を鎖していたわけではなかったのである。これが教科書から「鎖国」の二字が消える根本的な理由となった。長崎では、幕府の長崎奉行がオランダとの貿易を管轄し、中国からの民間貿易船は市中に唐人屋敷を設置して統制した。また、幕府は朝鮮との通信使の往来のほか、薩摩藩に琉球との交易も認めていた。限定的かつ統制的であったものの、幕府はわずかながらも国を開き、外国と通商している。

もともと、幕府に鎖国法という法令はなく、「鎖国」という言葉が初めて使われたのは一九世紀になってからだ。したがって、一九世紀に入るまで江戸時代の人たちは「鎖国」という言葉さえ知らなかった。「鎖国」という言葉は、オランダ商館付医師のケンペルが記した『日本誌』に由来する。享和元年（一八〇一）、長崎の元オランダ通詞である志筑忠雄《しづきただお》がその一部を訳し、『鎖国論』を書いた。そこから急速に幕閣の間で「鎖国」という言葉が用いられるようになる。

その最大の理由は、一九世紀になって日本近海に外国船が姿を現し、幕府がその対応に苦慮することになったからだ。たとえば、文化元年（一八〇四）、ロシアの外交官レザノフが長崎に日本人の漂流民を伴って来航し、幕府に通商を求めた。その際の幕府の回答書には、中国・朝鮮・琉球・オランダを除いて海外と「通問（通信・通商）」していないなどと記されている。四ヵ国（中国・朝鮮・琉球・オランダ）以外と通問しないのは「祖法」にそうあるからだとも回答している。こののちも幕府は外国へ「祖宗（祖法）の厳禁を犯す」などと回答し、交易を求める諸外国への〝断り文句〟に使いだした。つまり、通商を断る際の便法として、「寛永以来の祖法」という原理を編み出して、それを用いるようになったのだ。そうやっていい続けていくうちに、便法も本当の法令のように思えてきたのではなかろうか。幕府がアメリカとの通商許可を朝廷に求めるにあたり、

「寛永以来の御旧制に候えども、鎖国之御法は御改めこれあり、万国へほどよく御付き合いこ

れなくては、相なりまじく」
と訴えている。鎖国は寛永以来の祖法だが、このほど万国と交易するようになった——というのである。

こうして幕末の幕閣および知識層の間で、「鎖国は祖法」という考え方が広まっていった。ただし、鎖国という言葉がそれほど浸透していたわけではない。「江戸時代、日本が鎖国していた」という考えが庶民の間に広まるのは明治以降だ。明治のジャーナリスト徳富蘇峰《とくとみそほう》は「日本が、三百年になんなんとする間、鎖国制度を固執」と批判している。明治は、江戸幕府とその制度を批判して誕生した時代だけに、江戸時代が鎖された社会であったと、とらえられるようになっていった。

江戸時代、日本は鎖国していなかった。少なくとも、江戸時代の庶民たちは「鎖国」という言葉さえ知らず、彼らに日本が国を鎖しているという意識はなかったのである。

ただし、鎖国の定義を「外交関係」におくと、どうだろう。江戸時代に通商していたオランダへ外交官を派遣していたわけではなく、長崎にオランダ通詞が置かれていただけ。かつ、江戸時代、貿易は幕府（中央政府）に事実上独占されていたわけだから、現在の自由貿易体制からすると、雲泥の差があったのは事実といえよう。

二のミステリー

泰平の眠りをさまさなかった蒸気船

「泰平の　ねむりをさます　じょうきせん　たった四杯（隻）で　夜もねられず」

アメリカのペリー提督率いる黒船四隻が嘉永六年（一八五三）六月三日に浦賀へ来航した後、この有名な狂歌《きょうか》が江戸で流行したとされる。当時の幕府や庶民の驚きを表現するものとして現在にまで語り継がれているが、黒船来航からほぼ三週間たったころにつくられた実際の狂歌は、

「太平の　ねむけをさます　蒸気船　たった四杯で　夜もねられず」

だった可能性が浮上している。

たしかに、「ねむり」と「ねむけ」では風刺のレベルがちがう。「ねむり」には、泰平を貪っていたがために突然の黒船襲来に驚いて寝床から叩き起こされた印象があるものの、「ねむけ」だと、ついウトウトしているうちに黒船の知らせを聞き、驚いたという程度の印象だ。

それもそのはず。幕府は突然の黒船来航に「ねむり」をさまされるどころか、ペリーが日本に来ることを事前に知っていたのである。

黒船襲来の一年前、長崎出島《でじま》のオランダ商館長が、来年四月にアメリカが蒸気船（黒船）を

日本へ派遣し、通商を要求することになると、長崎奉行へ風説書《ふうせつがき》という形で通告しているのである。これも日本が鎖国してなかったことの証拠のひとつとなる。限定的とはいえ、国を開いていたからこそ、国際情勢を知ることができたのである。嘉永五年（一八五二）七月、老中・阿部正弘（備後福山藩主）は長崎奉行へ、その風説書の和訳と翻訳された内容を江戸へ送ることを命じた。

一方、当時はまだ太平洋航路が開けておらず、アメリカ東海岸の軍港ノーフォーク（バージニア州）を出港したペリーは、大西洋からアフリカ大陸南端の喜望峰《きぼうほう》を経由する大航海を経て、江戸湾に姿をみせる。そのペリー来航が四月の予定から六月へやや遅れた点を除くと、「蘭人《らんじん》（オランダ商館長のこと）かねて申すとおり、（ペリー艦隊の）上官の名、船名すべて符合す」と、幕府側が書き残しているとおり、風説書は極めて正確な情報を伝えていた。ただし、いくら正確な情報を事前に入手していても対策を講じなかったら、宝の持ち腐れだ。幕府首脳は、ペリーもまた、これまで日本に通商を求めてきた諸外国の使節と変わりはないとタカをくくっていた節がある。

ところが、ペリーは浦賀へ来航する前、琉球や小笠原諸島の父島にも寄港しており、彼がアメリカの海軍長官へ宛てた書状から、日本への開国要求がはねつけられた場合、小笠原諸島や琉球を足場に、武力行使を辞さない態度であったことがわかる。対策を講じていなかった幕府

幕府は事前にペリーの来航を知っていた!?

は、アメリカ側の強硬姿勢に戸惑った。その意味ではたしかに「泰平のねむり」をさまされたのかもしれない。

黒船来航の三日後に幕府はアメリカ合衆国フィルモア大統領からの国書を受け取らざるをえなくなり、九日、ペリーは久里浜（横須賀市）に上陸し、幕府へ国書を渡すことに成功する。このアメリカとの交渉で、日本はアメリカから恫喝を浴び、屈辱を受けたとして、一時、歴史界で物議をかもしたことがあった。

アメリカとの交渉にあたった浦賀奉行所の与力・香山栄左衛門《かやまえいざえもん》が幕府老中に宛てた上申書によると、アメリカ使節の一人は、日本が国書の受け取りを拒んだら、その恥辱をそそがなければならないとしてこう続けたという。

「浦賀において余義なき場合（戦争）に至り申すべし。その節に至り候とも、（降伏を含めて）用向きこれあり候えば、白旗を建て参りくれ候え。鉄砲を打掛け申すまじく」

日本が交渉を蹴ったら戦争になる、ただし、降伏するなら白旗を掲げてこい、そうしたら攻撃はしない――そう日本を恫喝したというのである。

この話はアメリカ側の記録（『ペリー提督日本遠征記』）にはみえず、まずもって、幕府のオランダ通詞《つうじ》（翻訳官）がどれだけ正確に翻訳していたかという問題がある。さすがにアメリカもそこまでの恫喝は控えたはずだ。

とはいえ、交渉はアメリカのペースで進められ、ペリーは国書への回答をえるために来春に再来航すると幕府に告げ、六月十二日、いったん日本を離れていった。その後、海防の必要性を痛感した幕府は江戸湾内に台場の築造を始める。そのために、御殿山や八ッ山《やつやま》（現ＪＲ品川駅周辺）の山を切り崩して土取りし、東海道も品川宿から日本橋へ至るルートを一部変更した。いわば、台場築造のための江戸大改造がはじまったのだ。

しかし、十二基の台場を築造する予定だったところ、現実には六基しかつくられなかった。その理由はまず、幕府の予算が続かなかったこと。次いでペリーが一年間の猶予を与えるという約束を破り、翌年（一八五四）一月十六日、ふたたび浦賀に来航したこと。ペリーは十二代将軍家慶《いえよし》の死を知り、幕政の混乱につけいろうと、約束より半年早く日本にやって来たのだ。これでは台場の築造が間に合うはずはない。幕府は、まんまとペリーにしてやられたのである。

三 のミステリー

条約の「誤訳」からはじまった日米関係

日米の国交樹立は、嘉永七年（一八五四）三月三日に日米和親条約が調印された時をもってスタートする。

その翌々年の七月（安政三年）、蒸気船サン・ジャシント号に乗って、初代日本公使のタウンゼント・ハリスが開港地の下田にやって来た。ところが、幕府はハリスに「日本に居留することはまかりならぬ」と猛抗議した。発効した和親条約の日本語版に「日米両国がやむをえない事情であると認めた場合のみ下田に合衆国官吏（領事）を置くことができる」と書かれていたからだ。もちろん、幕府はこのタイミングで領事を下田に駐留させることを認めていない。当然の抗議といえるが、条約の英語版には「日米のいずれかの国が必要と認めた場合に合衆国政府は領事を下田に派遣できる」と書かれていたのだ。それを知って幕閣は驚愕する。日本語の条約文と英語の条約文では、ちがう内容が書かれていたのだ。アメリカは領事派遣を正当な権利だと主張し、日本側もその後あっさりアメリカの言い分を認めてしまったから、この問題は外交問題に発展せずに一件落着した。

しかし、なぜちがう内容の条文が二通りあるのかという謎は残る。和親条約の交渉では主にオランダ語が使われ、両国が合意した条約はオランダ語・漢文・英語・日本語で書かれた。原因は、オランダ通詞（通訳）の森山栄之助の「誤訳」にあったと考えられている。日本が本格的に国際社会の只中へ船出して間なしのころの話だから、さもありなん――と思われがちだが、森山の技量不足が原因なのではなく、じつは彼が意図的に誤訳したといわれている。

条約交渉の過程などで日本側が領事の受け入れに難色を示していたのは事実だ。日本側全権の林大学頭復斎《だいがくのかみふくさい》は、領事駐在を一、二年見合わせることを求め、一方のアメリカ側は、領事駐在が認められないならアメリカの軍艦を駐留させるという恫喝まがいの強い態度を示していた。日米両国の主張が真っ向からぶつかり合い、その狭間に立たされた通訳が日本の全権にアメリカが妥協したかのように伝え、意図的に「誤訳」したことは十分に考えられる。ただ、ハリスの来日によって事が露見した後も、通訳の森山が処罰されていないところをみると、全権の林をはじめ、日本側の交渉団全員がグルだった可能性もある。それどころか、幕閣の中にも知っている者がいたかもしれない。

寄ってたかって問題を先送りする姿勢は、この時代からあったようだ。

四のミステリー

日本が西洋列強の植民地にならずにすんだのは「ナイチンゲール戦争」のおかげ？

黒船が来航した一九世紀半ばは、大英帝国が「パックス・ブリタニカ」と呼ばれる繁栄を謳歌した時代。西洋列強諸国がこぞってアジアへ進出し、世界規模で歴史が動いた時代でもある。そういう世界史のうねりの中で、日本が西洋列強の植民地にならなかった理由には諸説ある。なかでも明治の元勲の一人、肥前佐賀藩出身の大隈重信は幕末を振り返り、著書の『開国大勢史』でこう述べている。

「クリミア戦争の発せしは、偶然にも（アメリカ）合衆国が我が国に開港を要求する時にあたりたるをもって、この事件の発展に密接の関係を有し、第一に、露西亜（ロシア）はこの戦争のために英仏艦隊の牽制するところとなりて、その日本に対する志を逞《たくまし》うすることを得ず、第二に、英国もすでに香港総督ボウリングをして日本に赴き、真の貿易を開始する条約を締結せしめんと企てたるにかかわらず、この戦争に妨げられて、その暇を得ず（中略）日本は新たに西洋の学問を容れて物質的に外国交通に備へんとした」

大隈の発言のポイントを整理するとこうなろう。

①ペリーの来航がクリミア戦争と重なり、そのことが日本の幕末史に大きな影響を与えた。
②まず第一に、ロシアが戦争の影響で「日本に対する志」（南下政策を意味している）を妨げられた。
③イギリスも香港総督のボウリングに日本との通商を求めさせる準備をしていたが、この戦争の勃発によって、延期せざるをえなくなった。
④西洋列強がこの戦争にとらわれている間に日本は西洋の文物を取り入れて近代化への道を歩むことができた。

以上のとおりなら、この戦争が西洋列強の植民地化の防波堤となり、日本の幕末史に重大な恩恵をもたらしたと読み取れる。本当かどうか検証するために、まずはクリミア戦争がどのような戦争なのかをみてみよう。

この戦争は、ヨーロッパでも南下を図ろうとするロシアとトルコ（オスマン帝国）が一八五三年十月にバルカン半島で軍事衝突し、翌年三月、ロシアの勢力伸長を嫌うイギリスとフランスがロシアに宣戦布告したもの。主に黒海に突き出たクリミア半島で激戦が繰り広げられた。とくにセバストポリ要塞（ロシア）の攻囲戦は、両軍合わせて三〇万人以上の死傷者が記録され、ユスキュダル（イスタンブール対岸の街）でナイチンゲールがその攻囲戦の傷病兵を献身的に看病したことで知られる。激戦の末、一八五五年八月にセバストポリ要塞は連合軍（英仏側）の

著書でクリミア戦争のおかげで日本が植民地にならずにすんだと回想した大隈重信

手に落ち、翌年三月、パリで講和条約が結ばれて戦争が終結した。

　クリミア半島が主な戦場とはいえ、ロシアとイギリス・フランス両軍は極東アジアでも衝突した。英仏の太平洋艦隊がロシアの極東軍事基地のあるペトロパヴロフスク攻撃を敢行し、陸戦部隊を上陸させたものの、ロシア側の反撃にあい、失敗している。ペトロパヴロフスクはカムチャッカ半島にあり、とくに函館（のちに各国との和親条約で開港地となる）は艦隊の集結地として両陣営にとって戦術的に重要な土地だった。

　大隈が述べているとおり、当時、世界最強の海軍を誇っていたイギリスは、戦争前から日本に開港を求める準備を進めていたが、ロシアとトルコの関係やバルカン半島情勢の悪化によって、アメリカに先を越される形となった。当時、二流の海軍国だったアメリカが列挙諸国を押しのけて日本と条約を締結できたのはこうした事情による。

　一方のロシアは、海軍将官のプチャーチンに日本との条約締結のための全権を委任している。そのプチャーチンの耳に、アメリカが同じく日本に開港を求めてペリーを派遣したという知らせが届く。大隈重信は著書の中でその時のプチャーチンの考えをこう述べている。もしもペリー艦隊が日本へ武力行使し、強引に開港要求した場合、「(ロシアが)日本を助けて合衆国との間を調停し、もって日本をして露西亜(ロシア)に依頼せしむるの関係」を築こうとしていたというのである。つまり、プチャーチンは日本との条約締結はもとより、あわよくば、日本を自陣営に引き入れようとしていたのだ。と同時に彼は、日本とアメリカ両国が「露国(ロシア)の行為を妨害するがごとき関係」とならないよう——より具体的にいうと、日米両国がイギリスと同盟することを警戒した。その事態を防ぐためにプチャーチンはアメリカに、米露両国が協力して日本を開港させる提案をおこなった。彼は、日米両国とともに「反英同盟」を築くべく画策していたのである。上海で彼がアメリカ領事の邸宅を訪ねたのは、英仏両国がロシアへ宣戦布告しようとする直前だった。

もちろん、アメリカはロシアの提案を蹴った。単独での条約締結を急ぎ、将軍の死で日本が混乱している事情もあって、半年予定を早めてペリーが日本へ再来航した。ロシアもアメリカに少し遅れて安政元年(一八五四)十二月に日本と和親条約を結ぶが、ペリーがのちに恫喝外交などと批判されるのに対して、プチャーチンは極めて平和的な外交交渉に徹した。ロシアは日本にヘソを曲げられ、連合国側に加担されることを嫌ったのだ。

ロシアの敵国であるイギリスはそのプチャーチンの動向を警戒し、動きを監視していたスターリング提督率いる艦隊が長崎へ来航。嘉永七年八月に日英和親条約を締結していた。イギリスもまた、条約締結によって日本と友好的な関係を築こうとしたのである。

たしかに、クリミア戦争がなければ、イギリス・ロシア・フランスという列強から無理難題を押し付けられ、日本の幕末史はちがう形で進んだ可能性があろう。

もちろん、クリミア戦争だけが日本の植民地化を阻んだ理由ではない。戦争終結後もイギリスは、ヨーロッパと極東アジアでロシアが南下することを警戒し、それが日本にいい結果をもたらした。ロシアはその後、クリミア戦争の敗戦から立ち直り、文久元年（一八六一）、不凍港を求めて対馬の部分占領を狙ったが、イギリス艦隊の圧力によって対馬から退去している。ロシアの南下政策阻止は世界的な覇権を確保しようとするイギリスの権益にもかなっていたのである。

当時のイギリスはいまのアメリカのような超大国。そのイギリスにとって、トラウマになっていたのが中国国内で起きた内戦の太平天国の乱（一八五一年〜一八六四年）だった。大隈もその著（前出）の中で「支那長髪族の乱ありたる間に……」と述べ、長髪族の乱（太平天国の乱）がイギリスの対日政策に影響したと書いている。イギリスはアメリカにやや遅れて安政五年（一八五八）七月十八日に日英修好通商条約を締結した。日米修好通商条約などとともに日本が不利な不平等条約だ。イギリスは太平天国の乱に懲り、日本を植民地化するより、貿易による利益を重んじたのだ。

日本に長崎以外の港を初めて開かせたアメリカもその後、国内で南北戦争（一八六一年〜一八六五年）が勃発し、日本にかまう余裕はなくなった。

問題はフランスだ。当時、フランスでは皇帝ナポレオン三世が世界各地に植民地を築いていた。公使のロッシュは幕府に近づき、造船所建設などの支援を惜しまなかったが、彼の行動にイギリス公使パークスの友人は「幕府を一種のフランス保護国にしようと狙っていた」と批判している。

だいぶのちの話になるが、明治新政府は薩長を中心に誕生する。その薩長を支援していたのがイギリスであり、もしもフランスに後押しされた幕府（徳川家）が新政府の中心にすわっていたら、明治維新の姿はまた変わっていたかもしれない。

いずれにせよ、日本が国際社会の大海原に投げ出された一八五〇年代前半に、西洋列強諸国がクリミア戦争にかかずらわっていたのは幸運だったといえる。大隈はそのことを「わが国民が大事に際して天幸ある一例なり」と結んでいる。

五 のミステリー

動乱の扉を開いたのは井伊直弼ではなかった！ 堀田正睦の大失政

安政四年（一八五七）四月、江戸滞在を終えて帰郷する藩主島津斉彬《なりあきら》に随行し、西郷隆盛も鹿児島へともどる。そののち老中阿部正弘（備後福山藩主）が病死したことを知った斉彬は、西郷をふたたび江戸へ遣わした。斉彬は、養女の篤姫《あつひめ》を十三代将軍徳川家定の正室とすることに成功し、次期将軍候補に一橋慶喜《ひとつばしよしのぶ》（前水戸藩主徳川斉昭《なりあき》の七男）を擁立して、幕政改革に意欲を燃やしていた。そんな斉彬にとって盟友の正弘の死は痛手だった。このあたりから西郷が将軍継嗣問題などで江戸城大奥や諸藩の士らの間を周旋してまわり、本格的に政界工作へ乗り出すわけだが、下級藩士の西郷が先の江戸滞在中にそこまで斉彬の信頼をえていたことになる。

その安政四年当時、幕閣らの最大の政治テーマは、アメリカとの通商条約締結だった。日米和親条約を結んでいるとはいえ、それは下田・箱館両港へのアメリカ船の寄港などを認めたにすぎない。アメリカとの貿易は認めていなかった。アメリカ初代公使タウンゼント・ハリスから頻繁に通商を求められていた幕府は、阿部に代わり、老中首座の地位を引き継いだ堀田正睦《まさよし》（下総佐倉藩主）がその難局にあたることとなった。

しかし、当時、幕府がハリスに示した回答書によると、「現今十八人の大諸侯中、開港通商を可とするものはわずかに四人にして、他の十四人はこれに反対せり」という情勢だった。苦慮した堀田は、禁断の果実に手を出してしまう。沸騰する尊王思想を逆手に取り、朝廷と天皇を利用し、尊王攘夷派を黙らせようとしたのである。天皇が条約締結を認めれば、攘夷派も賛成せざるをえないと考えたのだ。これが大失策に繋がった。

のちに幕府は天皇に「大政」を奉還（返上）し、これを「大政奉還」と呼んでいるが、大政を奉還するというからには、幕府は天皇から「大政」を委任されて（預けられて）いなければならない。江戸時代半ばの国学者・本居宣長《もとおりのりなが》は、天皇が国土と国民を将軍に預けているという説を著書（『玉くしげ』）で展開し、当時、大政が幕府に委任されているという考え方が浸透していたことがわかる。この宣長の説を引いて、幕府の大政委任体制を確立させたのが、寛政の改革を断行した老中・松平定信《さだのぶ》（陸奥白河藩主）だった。

大政の中にはむろん外交権も含まれている。したがって、幕府がアメリカと通商条約を結んでも、大政を幕府に委任している以上、天皇も朝廷も幕府に文句はいえないし、事実、幕府が日米和親条約を締結した際には朝廷へ事後報告ですませている。そこで堀田が天皇の勅許をえるために上京するといいだした際、幕府内では反対意見が噴出した。

だが堀田はその反対を押し切り、安政五年（一八五八）一月二十一日、将軍徳川家定から拝領した工作資金三万両と三〇〇人近い役人を随行させ、上洛の途に就いた。二月九日に参内し、孝明天皇に日米修好通商条約の勅許を乞うた。堀田は工作資金を使い、つまり、カネをばら撒いて勅許をえようとしたのだが、これが寝た子を起こすことになる。

堀田は儒学者の林韑《あきら》らを先に上洛させ、幕府の意向を朝廷に伝えさせていたが、事前に幕府の考えを知った孝明天皇は、関白九条尚忠《ひさただ》へ宸翰《しんかん》（天皇直筆の文書のこと）を下し、まず、「備中守（堀田のこと）が献上品を持って上京してくるとのこと。その献上品がどれくらいの大金になるのかはわからぬが、それに目が眩んでは天下の禍の基となろう」と関白に釘を刺している。天皇がそういう意志を示しているなか、堀田はわざわざ火中の栗を拾いに上洛したわけだ。これが別の時代なら、天皇自身の意志はこれほど尊重されなかったかもしれないが、時は幕末。尊王思想が幅を利かせる時代。しかも、孝明天皇は「太閤（開港派の鷹司政通《たかつかさ》）が尊公（関白の九条尚忠）にいかに申し述べようが、決して同意してはなりませんぞ」と、関白へあらためて宸翰を下している。この間、天皇は「御寝食をも案じられかね候ほど」に苦慮していたという。

それでも、条約締結は幕府の意向に任せるという勅許が下りる寸前までいった。カネの力が天皇の意志に勝ったのかと思われたが、そこから大逆転がはじまる。この事実を知った公卿らが猛反発するのだ。その数、中山忠能《ただやす》権大納言《ごんだいなごん》をはじめ、計八八名にのぼった。彼らが参内し、幕府に一任するという素案の撤回を求め、素案を起草した武家伝奏《ぶけてんそう》（武家への取次役）の東坊城《ひがしぼうじょう》聡長《さとなが》を「打ち殺せ」という声まで挙がった。正式な参内でなく、激高した公卿らが勝手に御所に押しかけたのだ。まさに異常事態。これを「廷臣八八卿列参事件《ていしんはちじゅうはちきょうれっさんじけん》」という。結果、日米和親条約の件も蒸し返され、朝廷としては条約を認めがたいことゆえ、江戸へ帰ってもういちど考え直せ——という天皇の意志が伝えられた。こうなったら堀田も引き下がるしかない。

堀田は四月二〇日に江戸へもどったが、その三日後、彦根藩主井伊直弼《なおすけ》が尻拭いする形で大老に就任し、天皇や朝廷の意向を無視して六月十九日にアメリカと条約を調印する。こうして攘夷派に違勅条約という恰好の攻撃材料を与え、幕末の動乱が幕を開ける。安政の大獄という思想弾圧事件を断行した直弼があっけなく桜田門外の変で殺害されて幕府の権威が失墜したことが幕末動乱のはじまりといわれるが、そもそも正睦が寝た子を起こさなければ、違勅条約で尊皇派に攻撃材料を与えなくてすんだ。正睦の大失策こそが幕末の動乱を生んだとはいえないだろうか。

六
のミステリー

戦国時代から「彦根藩」と「水戸藩」には因縁アリ！井伊直弼が「安政の大獄」に踏み切った本当の理由

安政の大獄は、安政五年（一八五八）から翌年にかけて、大老井伊直弼《なおすけ》（彦根藩主）がおこなった大弾圧である。処罰された者の数は一〇〇名を超えた。その対象も、水戸藩を中心とする尊攘派の志士はおろか、諸侯から公卿・宮家にまで及び、刑死者は八名。この中には、長州藩士の吉田松陰《しょういん》も含まれている。容疑者の取り調べにあたっては苛烈な拷問がおこなわれ、尊攘派志士の先駆けとされる元小浜藩士梅田雲浜《うんぴん》ら獄中死した者が六人。逃亡中に死亡した者を加えると、死者は合計二〇人以上に達した。

しかも、井伊大老は、奉行らの裁きより罪を一等重くし、たとえば「追放」となった者を「死罪」に処すという強い姿勢で臨んだ。いったい彼は、なぜこのような大弾圧を断行したのか。

通説は、アメリカとの修好通商条約締結と徳川家茂《いえもち》（紀州藩主）の将軍継嗣に反対した一橋派（一橋慶喜を擁立する水戸藩前藩主の徳川斉昭《なりあき》をはじめ、御三家の尾張藩主徳川慶恕《よしくみ》、越前藩主松平春嶽《しゅんがく》、薩摩藩主島津斉彬《なりあきら》らの一派）を一掃するための弾圧であったとする。その真相を探るため、当時の政治情勢を眺めてみよう。

井伊は、天皇の勅許をえずにアメリカと通商修好条約を結んだ。これが違勅条約として一橋派および尊攘派から糾弾されることになるが、まずここで彼を弁護しておきたい。井伊大老は勅許をえてからの条約調印を主張し、下田奉行の井上清直と目付の岩瀬忠震《ただなり》を召し寄せ、勅許がえられるまでできるだけ条約調印を引き延ばすように指示して、アメリカ公使タウンゼント・ハリスのもとへ派遣していた。ただし、交渉が行き詰まった場合は「仕方がない」という言質を井上に与えていたがため、彼らは即日調印に及んだ。井上と岩瀬がどのくらい本気で条約調印を引き伸ばそうとしたかは不明だ。幕閣の意見はほぼ「即時調印」でまとまり、井伊の意見はむしろ少数派だった。井上と岩瀬はいわば大老の意思を無視し、言質を根拠に即日調印したのだろう。だが、違勅条約の責任は大老自身がかぶることになる。

条約調印後、水戸の斉昭をはじめ、春嶽ら一橋派の諸侯はついに不時登城（正式な登城日以外に登城すること）して大老の責任を追及した。だが不時登城は罪である。彼らに隠居・謹慎などの処罰が下った。現代社会でもそうだが、こういう場合、やはり権力を握る側が有利だ。そこで一橋派は八月七日、起死回生の策を図った。それが「戊午《ぼご》の密勅事件」である。この年、つまり安政五年が「戊午《つちのえうま》」の年にあたるからそう呼ばれている。孝明天皇から水戸藩に密勅が下ったのである。天皇に無断で条約を締結したことなどを責める内容だが、それより何より、これは幕府にとって、それこそ「泰平のねむりをさます」一大事であった。なぜなら、水戸藩

水戸藩への密勅降下の関係者の検挙が井伊直弼の本当の狙いだった

は御三家とはいえ、将軍からみたら臣下。将軍の頭越しの密勅降下は、将軍権威の失墜を招きかねず、さらに、密勅を〝錦の御旗〟に水戸藩が現執行部（井伊直弼政権）へクーデターを仕掛けないとは限らない。井伊大老にとっては危険この上ない存在であった。この事実を知った彼は、すぐさま反撃に転じた。この密勅降下に関係した公家や水戸藩士らをごっそり検挙したのである。これが安政の大獄の本質であった。

井伊は、梅田雲浜が密勅降下事件の主犯だと断じ、彼を逮捕して芋づる式に関係者を処罰しようとした。しかし、梅田はどのような拷問にも耐え、口を割らない。そこで吉田松陰に目をつける。吉田は、梅田が長州を訪ねてきた際に会っているからだ。井伊は、吉田が梅田と親しい間柄だと思ったのだろう。吉田松陰といえば、ペリーが来航した際に軍艦に乗って海外密航を図ろうとした男。そのズバ抜けた行動力は当然、大老の耳にも入っていたはずだ。彼は吉田を江戸へ召喚し、評定所で三人の奉行に取り調べさせた。奉行らは初めから吉田に共犯の疑いをかけ、主犯とみられる梅田について口を割らせようとしたのだ。しかし、吉田は、それが気に食わなかった。

安政六年（一八五九）七月九日、初めて評定所に呼び出しがあり、奉行らがまず吉田に「梅田源次郎（雲浜のこと）、長門（長州）下向の節、面会したる由、何の密議をなせしや」と聞くや、「梅田はもとより奸骨なれば、余、ともに志を語ることを欲せざるところなり」と吉田はいった。つまり、梅田はもともと奸智にたけた人物で、なぜ私がそのような人物と密議を交わすのかと、反論したのだ。だがそのあと、つい口を滑らせた。いや、口を滑らせたというより、堂々と年来の企てを奉行に自白したのである。

「鯖江《さばえ》侯（越前鯖江藩主・老中間部詮勝《まなべあきかつ》）を要するなどの事を自首す」

老中間部は井伊大老の意を汲み、密勅降下に関係した者の検挙に奔走している。以上、吉田が処刑される直前、獄中でしたためた『留魂録《りゅうこんろく》』に記載されている話だが、この自白を受けて驚いたのはおそらく奉行衆だったであろう。主犯格の罪状を確定しようと参考人聴取した相手が、思いもかけず、政府要人の襲撃計画を練っていたというのだから。当然、吉田は投獄される。

一方、西郷隆盛と尊攘派の僧月照（京都・清水寺成就院《じょうじゅいん》住職）も密勅降下に関与して井伊大老の網に引っかかっている。安政の大獄の嵐が吹き荒れる前、十四代将軍は、大老らが推す徳川家茂《いえもち》に決まり、西郷は斉彬の期待に応えられなかった力のなさを痛感するとともに密勅降下で巻き返しを図ろうとする。だが、その斉彬が安政五年（一八五八）七月に鹿児島で死去する。毒殺の噂もあった（「四二のミステリー」参照）。京でその話を聞いた西郷は失意のあまり、自害しようとする。それを月照がとめた。いわば月照は西郷の命の恩人。その月照に井伊大老の魔の手が伸びてくる。西郷は月照を伴って故郷の鹿児島へ逃れたが、斉彬亡きいま、いわば、おたずね者となった月照は島津家にとって邪魔な存在となった。そこで島津家は月照を追放するという形を取り繕いつつ、国境付近で斬り捨てる策にでた。それを知った西郷は、月照を抱きかかえるようにして錦江湾《きんこうわん》で入水自殺を図る。西郷だけが奇跡的に助かり、藩は西郷を死人として届け出、密かに奄美大島へ流した。

以上の件からもわかるとおり、あくまで井伊大老の狙いは水戸藩への密勅降下に関係した者を一斉検挙することにあった。

ところで、井伊大老を幕閣へ送りだした彦根藩と水戸藩は戦国時代からいわく因縁のある関係だった。戦国時代、徳川四天王の一人・井伊直政が徳川家康から近江佐和山（彦根市）一八万石をたまわり、長男の直継の時代にいまの彦根城を築城して、中山道《なかせんどう》沿いの佐和山城から琵琶湖に面した彦根山へ居城を遷すが、その直継が藩内の内紛をおさえられず、井伊家を信濃の川中島（長野市）へ移すという話がでる。石高が減封され、直政が徳川家に尽くして築き上げたものが霧消する恐れもあった。そして、川中島へ移る井伊家に代わり、家康の末子である徳川頼房《よりふさ》（水戸藩祖）が六〇万石で入封するという噂が立つのだ。この話はご破算になるものの、五代将軍徳川綱吉の時代にふたたび彦根藩と水戸藩は因縁にまみえる。井伊家は直政の時代から「譜代の先手」の栄誉を与えられていた。ところが二代水戸藩主の「黄門様」こと徳川光圀が、もし幕府への反乱が起きたら「自分が先鋒となって討つ」と発言したことに、当時の彦根藩主である井伊直興《なおおき》が色をなし、つまり激怒して「先鋒は我なり。敢えて他人に譲らず。東照公（家康）御遺誡あり」といって、光圀に噛みついたという。

直弼はその直興を最も尊敬していた。だからといって、彼がその因縁をひきずっていたわけではないだろうが、彼には、因縁ある水戸藩へ下った密勅への複雑な思いがあったのだろう。

そして直弼は調子に乗り過ぎた。これを機に、政権にとって危険な人物を一斉に弾圧しようとした。しかし、明確な理由がないままの処罰は禍根を残す。松平春嶽は維新後、この大弾圧について「この一挙よりして、天下の人心動きて士気振起せしめたり」と述懐している。実際に、戊午の密勅事件に絡んで多くの処罰者を出した水戸藩内過激派（彼らを「激派」という）の怒りが、翌年の桜田門外の変（井伊大老暗殺事件）へと繋がってゆくのである。

七のミステリー

牡丹雪舞う桜田門外！直弼は心臓を銃弾で撃たれ即死だった！

大老井伊直弼（彦根藩主）にとって安政の大獄の締めくくりは、水戸藩に降下した密勅を返納させることだった。そのころ水戸藩内は、前藩主の徳川斉昭が大獄によって永蟄居《えいちっきょ》させられたことなどに憤激する「激派」と温厚派の「鎮派」に分かれていたが、斉昭自身、鎮派の重鎮で儒学者の会沢正志斎《あいざわせいしさい》に説得され、返納やむなしの思いに至る。激派の諸氏は返納を阻止すべく水戸南方の長岡に集結して気勢を上げたが、斉昭が返納に応じたこともあって、水戸藩内の鎮派から追いつめられた激派の有志らは脱藩する。

彼らのリーダーは、高橋多一郎《たいちろう》と金子孫二郎《まごじろう》。彼らは、薩摩藩士の有村次左衛門やその兄らとこんな陰謀を巡らせていた。まずは井伊直弼を殺害。次いで横浜の異人館を焼き、薩摩藩兵三〇〇〇が上京してくるのを待ち、江戸と京でそれぞれ東西呼応し、幕府の政治の誤りを正す――。このとき西郷隆盛は奄美大島へ流されていたが、同志の精忠組《せいちゅうぐみ》と呼ばれた下級藩士の一派は島津家を動かすべく画策していた。しかし、藩主の島津茂久《もちひさ》に説諭され、薩摩藩兵の上洛計画は幻に終わる。

一方、幕府も水戸藩士らが大挙して脱藩し、登城する途次に大老を襲撃するという計画があることを摑んでいた。以来、江戸市中や水戸街道、江戸小石川の水戸藩邸に監視の目を光らせていた。安政七年（一八六〇）二月初め、その幕府の監視網に水戸藩の祐筆《ゆうひつ》らが引っかかり、彼らは恐るべき計画を自白した。計画によると、有志六名が江戸桜田門の彦根藩邸へ下男に扮して潜りこみ、屋敷内を放火して回り、その混乱に乗じて井伊大老の首を挙げようというものだった。もし実現していたら、のちの「桜田門外の変」は起きず、「桜田門彦根藩邸放火事件」となっていただろう。

幕府の探索の目がここまで厳しくなっていなければ、もっと実行犯の人数は増えただろうが、実際に大老襲撃に加わったのは、水戸脱藩浪士一七名と薩摩藩を脱藩した有村次左衛門の計一八名だった。彼らは三月三日、上巳《じょうし》の節句（いわゆる雛祭り）のお祝いに井伊大老が登城する途次、襲撃する計画を立てた。

その運命の三月三日はいまの暦でいうと三月二十四日。その季節にしてはめずらしく朝から牡丹雪が降りしきり、その雪に視界が遮られ、二メートル先も見えない悪天候だった。その日の早朝、彦根藩邸に一通の投書が投げこまれた。投書はむろん、井伊大老自身に届けられ、家臣は披見することができない。大老が藩邸を出たあとに側役《そばやく》の者が主君の居室で封の切られた投書を見つけた。側役の者がひそかに披見すると、水戸脱藩浪士らの企てが書かれていたという。牡丹雪が舞い、登城日である三月三日は、浪士に狙われやすい。それにもかかわらず、大老は覚悟を決め、登城に及んだことになる。これが現代なら、危機管理意識に欠けているとして批判されるところだろうが、大老という幕府トップの立場にある彼は、浪士の襲撃を恐れて登城を差し控え、自ら幕府のルールを破ることなど、到底できぬと考えたのだろう。

かたや、浪士たちは逆に「登城日」と「雪」という条件をうまく利用した。

当時、登城日の大名行列見学がブームになっていて、浪士らは見学の群衆にうまく紛れこみ、井伊の登城を待ち構えていた。群衆をあてにして小屋掛けの屋台まで出ていたから、浪士たちの中には、屋台でおでんをつまみ、燗酒で体を温める者までいた。

雪で視界がきかないのは浪士も同じだが、こういう場合、心理的には襲撃する側が有利だ。しかも、主君を警護する彦根藩士らは、雪や水が刀に浸みこんでこないように刀に柄袋《つかぶくろ》をつけていた。敵と斬り合うには、まず柄袋をはずさなければならない。これが命取りになった。襲撃犯の一人である蓮田一五郎が自首して細川藩お預けになり、その間に描いた『桜田変図』をみると、柄袋をつけたまま殺されている彦根藩士の姿を確認できる。

井伊が供回りの侍二六人のほか、足軽・草履取・駕籠舁《かき》ら総勢六〇余名を従え、藩邸を発ったのが五つ半（午前九時）ごろ。行列が杵築藩邸（現在の警視庁）前に差しかかったとき、群衆の中から駕籠訴《かごそ》を装い、浪士の一人が行列に近づいた。先頭の侍が浪士に近づこうとすると、浪士がその彦根藩士に斬りかかった。こうして行列の先頭集団が大混乱に陥るのである。

どうしてこのように詳細な状況がわかるのかというと、当時この惨劇の目撃者や取り調べでの証言などがあったからだ。それらの証言をもとに明治になって彼ら浪士を「義士」とたたえ、『桜田義挙録』なる書籍が刊行され、その内容が通説となった。

しばらく、『桜田義挙録』にもとづき惨事の一部始終を追ってみよう。行列先頭が混乱するさなか、一発の銃声が轟きわたる。それを合図に、浪士らは一斉に行列へ襲いかかった。行列の後ろの者らも前方の異変に気づき、また、駕籠脇の藩士らも前へ駆けつけた。その隙に、真っ先に駕籠へ斬りこんだのは稲田重蔵。すでに敵に恐れをなして駕籠舁は逃げ去って、駕篭は地べたに置かれている。稲田は血塗られた刀を両手でつかみ、岩をも通すような勢いで駕籠を刺し貫いた。

たしかな手応えがあったようだ。続いて海後磋磯之介《かいごさきのすけ》も一刀を突き入れる。そのとき疾風のごとき勢いで駕籠脇へ飛びこんできたのが有村次左衛門。彼は駕籠の扉をあけ、大老の襟首を取って外へ引きずり出した。もはや、大老は稲田と海後に突かれて片息のように見えた。有村が鬢のあたりを斬りつけると直弼は前へ俯っ伏《うぷ》した。ふたたび、大老が起き上がろうとしたところ、有村が首を打ち落す。

こうして井伊大老はあえなく討ち取られてしまうわけだが、以上の話にはいささか疑問がある。まず大老は居合抜の達人。彼はなぜ稲田に一刀を刺し入れられるまで駕籠の中にいたのか。つまり、どうして外に出て戦わなかったのか。大名たるもの、そうやすやすと駕籠の外に出て人前に姿を晒すものではないといわれるかもしれない。しかし、『桜田変図』には馬が描かれている。緊急事態に駕籠から出て乗り換えるためのものだ。やはり、大老が駕籠の中にとどまっている理由が解せない。つねづねそう思っていたところ、桜田門外の変で新史料が見つかったという話を耳にする。

実行犯のリーダーである関鉄之介《せきてつのすけ》という浪士が「変」ののち、鳥取まで逃れ、鳥取藩の尊攘派で知られる安達清風に匿われる。

その際に清風は、関から聞いた襲撃当時の話を日記に書き留めていたのだ。彼の日記は『安達清風日記』として翻刻されているが、一部欠落していた。その欠落部分がこのほど見つかり、そこに衝撃的な証言が残されていた。

「同志としめしあわせ、合図のヒストン（ピストン）を打ち出しければ、彦根の供回りは皆駕籠を擲《なげう》けて八、九間《けん》（一五〜一六メートル）後へ退きぬ。よって駕籠の戸を開けば、ヒストンの玉、（大老の）胸先にあたりて死しおりぬ。たちまち引き出してズタズタに斬りつけ、首は薩州の有村打ち取て所持す」

通説では、浪士らが大老を駕籠から引きずり出した際、彼は片息だったというが、清風の日記では、合図のつもりでピストルを撃ったところ、それが大老の胸の先（心臓付近）に命中し、すでに絶命していたというのだ。証言を集めたという『桜田義挙録』より新史料を信じたい。清風の日記からはピストルを撃ったのは関のように読み取れるが、黒沢忠三郎もしくは森五六郎が撃ったともいわれている。

一方、二〇一〇年に大阪在住の古武器研究家が幕末に製造された日本製拳銃を公開している。その銃を納めた箱のふた裏には「森五六郎義士　直弼公天誅の短筒」と書かれている。それが大老を仕留めたピストルの可能性が高い。水戸藩の徳川斉昭は藩内で拳銃を製造させているから、まずまちがいないだろう。

井伊大老を撃ったとされるピストルを水戸藩内で製造していたといわれる前藩主の徳川斉昭

だとすると、斉昭は密勅の返納に応じつつも、その一方で大老への恨みを果たすために密かに激派の諸氏を支援し、大老を襲撃しようとする浪士にこのピストルを渡したのではなかろうか。斉昭の恨みがこもった銃弾が大老の命を奪い、すでに絶命していたがゆえに、駕籠から外へ出られなかったのだろう。

八のミステリー

「坂下門外の変」で老中安藤信正の襲撃に失敗した訳

江戸城桜田門外で大老井伊直弼《なおすけ》（彦根藩主）が暗殺されたあと、幕府は久世広周《くぜひろちか》（下総関宿藩主）を老中首座にすえ、老中安藤信正（陸奥磐城平藩主）との「久世・安藤政権」をスタートさせた。まず新政権は、前政権の強硬路線をソフト路線へと修正した。いわゆる公武合体の政策である。安藤は皇女和宮を将軍家に嫁がせようと図ったが、尊王攘夷派の激しい非難を浴びる。安藤を糾弾する斬奸状には、その罪としてまず井伊大老の暴政に与《くみ》したことを挙げ、次に、皇女和宮の降嫁《こうか》によって「外夷（西洋列強）交易御免の勅諚を請《こ》う」つもりだとする。それだけではない。和宮降嫁後も孝明天皇が諸外国との条約を認めないのなら、「ひそかに天子の御譲位をかもし奉る心底で、和学者（塙《はなわ》次郎）共に廃帝の古例を調べさせた」と斬奸状にある。つまり、安藤は廃帝をひそかに企んでいたという。

こうして尊攘派の間で悪名を馳せた安藤は、桜田門外の変から二年たった文久二年（一八六二）一月十五日、江戸城坂下門外で襲撃された。これを坂下門外の変という。この老中襲撃事件を企画したのは、儒学者の大橋訥庵《とつあん》だった。訥庵の名声を聞いていた宇都宮藩主戸田忠温《ただはる》が彼を招いて講書（書物の内容を講義すること）させていたことから、宇都宮で大橋の門弟らが中心になって老中襲撃計画を立てた。

その老中襲撃計画は、桜田門外の変の焼き直しといってもよかった。桜田門外の変は上巳《じょうし》の節句（三月三日）の登城日を狙って実行されたが、今回は、諸大名が将軍に謁見する上元《じょうげん》の節日（一月十五日）におこなわれている。まず実行犯六名のうち越後出身の河本杜太郎《もりたろう》が銃声を放ち、それを合図に水戸脱藩浪士の平山兵介らが駕籠へと殺到した。このあたりの襲撃の手順も同じだ。ただし、平山は駕籠の背後から一刀を突き入れたものの、切っ先がわずかに安藤の背中を傷つけただけであった。結果、襲撃者全員が討ち取られ、安藤は護衛の者と襲撃者が斬り合う隙をみて駕籠から逃げ出し、襲撃側の河野顕三（宇都宮出身の医師）らが逃げる安藤の背に一刀をふるったが、届かなかった。

今回はなぜ失敗したのだろう。まず、決行した襲撃側の人数が桜田門外の三分の一だったこと。大橋は水戸藩に襲撃への協力を求めたものの、水戸藩内では激派への締め付けが厳しくなり、人数をだせなかった。そして、桜田門外の反省に立って警備の人数が多かったこと。安藤は屈強の士ばかり三〇余名を選び、さらには大小姓一四名・徒士一八名などで厳重に警備させていた。また、この日は雪がなく、視界もきいて警護の藩士が柄袋をはずす必要がなかったことも影響したかもしれない。

九のミステリー

本当は東海道で江戸入りする予定だった「和宮降嫁ルート」変更の理由

幕府が進める公武合体政策の象徴が皇女和宮。幕府は、過激な尊王攘夷派を抑えるためにも朝廷との関係を修復しなければならなかった。そこで十四代将軍徳川家茂《いえもち》の御台所《みだいどころ》（正室）として皇女の降嫁《こうか》を画策した。幕府にとって失墜した権威を回復するための切り札でもある。

したがって、この世紀のウエディングにはさまざまな人間模様が交錯する。そもそも和宮は、異母兄の孝明天皇の計らいで有《あり》栖《す》川宮《がわのみや》熾仁《たるひと》親王《しんのう》へ嫁ぐことが決まっていた。だから初め、和宮は家茂の妻になるのは嫌だといった。弘化三年（一八四六）生まれの和宮は万延元年（一八六〇）のその年、まだ十五歳。しかも、嫁ぎ先は京から遠くはなれた江戸。開港によって江戸には、天皇や公卿らが毛嫌いする異人たちが公使館をかまえてもいる。急に、異人らがうろつく江戸へ嫁ぎ先を変えるといわれ、十五歳の宮が動揺しないはずはなかった。

天皇といえども、自分の娘ならともかく、妹の進退だけに思いどおりにできない。だが、孝明天皇は、幕府に攘夷の実行と引き換えに、降嫁を約束してしまっている。いまさら妹が承諾しないとはいえない。そこで天皇は妹の和宮へ、

「有栖川宮へ縁組（中略）なり候とも、それは御拒《おこばみ》にて、尼重畳《ちょうじょう》と存じ候」

と手紙を送っている。もはや有栖川宮と一緒になろうとしてもなれないですよ、あとは尼になるしかありませんよと、突き放している。そこまでいわれたら和宮も、

「天下泰平のため、誠にいやいやの事、余儀なく御うけ申し上げ候」

というしかない。嫌々ながら、天下のために降嫁いたしますと、いっているのだ。和宮が悲劇のヒロインといわれる所以である。

その和宮は文久元年（一八六一）十月二十日、京都御所を出立し、中山道《なかせんどう》を江戸へむかうことになった。江戸城清水御門内の屋敷に到着したのが十一月十五日。余談ながら、中山道最後の宿場・板橋宿と和宮について面白い話がある。

自らの計らいで妹・皇女和宮を当初有栖川宮熾仁親王へ嫁がせるはずが、幕府と朝廷の関係修復のため、徳川家茂に嫁がせることになった孝明天皇

板橋宿のはずれに「縁切り榎」と呼ばれる木が立っていた。江戸時代の地誌書『新編武蔵風土記稿』には「世に男女の悪縁の断絶せんとするもの、この樹に祈《いのり》て験あらずと云ふことなし。ゆえに嫁娶《かしゅ》の時はその名を忌《いみ》て、その樹下をよこぎらず、よりて近き年、楽宮《さざのみや》御下向の時も、他路を御通行あらせられしなり」とあって、男女の悪縁を絶つ霊験あらたかな霊木だった。このため、和宮より前に徳川家へ降嫁した楽宮（十二代将軍徳川家慶《いえよし》正室）の行列も、縁切り榎の下を通ることを避けたといわれる。和宮下向の際も、迂回の道路をつくってわざわざ縁切り榎を避けて通ったという史料があるほか、榎を菰《こも》で包み、その下を通って板橋本陣に入ったという伝承も残っている。

それはともかく、和宮はこうして縁起を担ぎながら、御所と江戸城を二五日かけて移動した。かなりの長旅である。関係史料などから一行は、一日平均約二二・八キロしか進んでいないこともわかっている。じつにゆっくりしたペースといえるが、その理由はこうだ。

一行の人数は、和宮とその実母観行院《かんぎょういん》のほか、公卿・殿上人らを含めて御所からの随行の者だけで約一万人。これに道中を警護する幕府の役人らが一万五〇〇〇人程度。荷物を運搬する人足がおよそ四〇〇〇人。また、一行が通過する沿道の諸藩の兵や在所ごとの人足などをあわせると、総勢三万ともいわれ、木曾の山中では行列の長さが五〇キロに及んだといわれる。これだけの人数が進むのだから、移動日数がかかるのも無理はない。

その道中を「和宮東下《とうげ》」といい、いくつかの謎が語られている。

その一つが、東海道を選ばなかった理由だ。京から江戸へは、東海道を使うのがふつうだが、和宮はわざわざ山中の隘路である中山道を利用しているからだ。その理由として、東海道には薩埵峠《さったとうげ》（静岡市）があり、それは「去った」に通じ、婚礼の道として縁起が悪かったからだといわれている。縁切り榎を避けるために迂回路をつくるくらいだから、縁起を担いだのは事実だろうが、理由はむろん、それだけではない。

東海道の場合、天竜川や大井川をはじめとする急流を越えなければならず、天候によっては川止めの懸念があることなどを理由に挙げている。

ただし、中山道を通っても揖斐川や長良川、荒川などの大河を渡河する必要があり、やはり川止めの不安はつきまとう。しかも、幕府にとって皇女の東下は、世間に公武合体の成功を印象付けるチャンスでもある。沿道の人口過密度からいって、やはり東海道こそ望ましいルートといえる。

じつは、和宮が嫌々ながら降嫁を了承し、正式に勅許されてから東下のルート決定まで、東海道なのか中山道なのか、その沿道の諸藩にとっては重要な政治問題だった。

幕府が当初、東海道を選択していたことは、老中久世広周《くぜひろちか》（下総関宿藩主）の覚書によって明らかだ。ところが——。

「東海道筋荒所なども多く、御通行御差し支えにつき、中山道へ御通し替え仰せ出られ候」

東海道は荒れたところが多く、宮様の通行に差し支えるという話になって、中山道にルートが変更になったというのである。また、覚書には「和宮様当春御下向」とあり、予定だと文久元年の春には東海道を東下することになっていた。

天下のため嫌々徳川家茂に嫁いだとされる孝明天皇の妹皇女和宮

ところが、ルートが中山道へ変更され、事前にルートの安全性を調査する必要から、実際の下向が半年以上伸びて十月に実施されることになった。ただし、荒れたところが多いという理由だけで変更になったとは考えにくい。

通説は中山道を使った理由として、警備上の問題も挙げており、それは事実だと考えられる。一行が、幕府の公武合体政策に反対する過激攘夷派に狙われる恐れがあったからだ。広い東海道より狭い中山道のほうがはるかに警備しやすい。

こうして、やむなく中山道へ変更し、沿道では警備上の問題から厳しい規制を敷いたものの、その一方で、幕府はこの世紀のロイヤルウエディングを世間にアピールしたかった。

たとえば幕府が京の三条小橋の制札場に掲げた高札には、

「士農工商を初め、天狗以下鳥獣に至るまで拝すべきものなり」

とある。人はもとより、天狗や鳥・獣まで、東下する和宮一行を見学すべきだといい、ここからも、幕府がいかにこの一件を宣伝材料にしようとしていたかがわかる。また、一行の出発日や宿泊日数（二十三泊）、さらには板橋宿から清水御門内の屋敷へ入るまでの詳細なルートなどが瓦版（のちの新聞）にスッパ抜かれている。


この瓦版を買った江戸っ子たちは、沿道近くで悲劇の皇女に手を振っていたことだろう。「和宮東下」ののちも京や江戸に攘夷の嵐が吹きやまず、人斬りが横行し、殺伐とした幕末動乱の時代を迎えるだけに、庶民にとってこの世紀のウエディングは、つかの間の平和を感じさせる一大イベントでもあったのである。

一〇のミステリー

単なる内ゲバではなかった「寺田屋事件」

幕末、二つの「寺田屋事件」が起きている。

一つは、慶応二年（一八六六）一月二十三日、京で薩摩藩の西郷隆盛と長州藩の桂小五郎（のちの木戸孝允《たかよし》）の会談を実現させた直後、土佐の坂本龍馬が京都伏見の船宿寺田屋で伏見奉行所の捕り方に踏みこまれ、捕縛されかかった事件。寺田屋が捕り方に囲まれていることを知ったおりょう（坂本の妻）が風呂から裸のまま裏階段を二階へ駆け上がり、投宿していた坂本に危機を知らせた話は有名だ。ちなみに、このとき坂本は怪我を負い、西郷の勧めもあって、おりょうと二人、薩摩へ療養旅行へ出かける。これが日本初の新婚旅行といわれている。寺田屋遭難事件、あるいは坂本龍馬襲撃事件ともいう。

もう一つの寺田屋事件はその五年前、文久二年（一八六二）に勃発している。薩摩藩主島津茂久《もちひさ》の実父である久光が、攘夷実行へ向けて決起しようとする有馬新七ら同藩の尊攘派藩士の暴発を押さえこんだ事件だ。このとき久光は、尊攘派には尊攘派をもって対応した。久光は、奈良原繁・大山格之助ら剣の使い手ばかりを使者に選び、有馬らが宿にしている寺田屋に派遣した。有馬らの志士、彼らの説得にあたる奈良原らのいずれもが、西郷の同志である精忠組《せいちゅうぐみ》の面々だ。久光は奈良原らに、まず有馬らを説得させ、それに従わぬ場合には上意討ちもあるといいふくめてあった。奈良原らは主命にしたがい、まず懸命に同士の説得にあたるが、有馬らもなかなか応じようとしない。そのうちに使者の側も激高し、一人が「上意」と叫んで抜き打ちで相手に斬りかかった。こうして文字どおり凄惨な同士討ちがはじまる。この斬り合いで決起組は六名が死亡。三名がのちに切腹し、維新後彼らは「薩摩殉難九烈士」として讃えられる。

彼らに決起を決意させたのは皮肉なことに久光自身だった。久光は前藩主で兄の斉彬《なりあきら》がやろうとして実現できなかった上洛を実行しようとした。一橋慶喜擁立派だった斉彬は安政五年（一八五八）、幕府が違勅条約を結び、十四代将軍に紀州藩主の家茂《いえもち》が決定したことに反発し、藩兵三〇〇〇を率いて上京しようと図ったとされる。当時、西郷も京でその根回しに動いている。ところが、斉彬の急死によって計画は頓挫する。その後、西郷は戊午《ぼご》の密勅の工作にかかわり、安政の大獄の網に引っかかって、僧月照とともに鹿児島の錦江湾《きんこうわん》で入水自殺する。奇跡的に命を救われた西郷は表向き死んだ形となり、奄美大島へ流された。それからほぼ三年半。文久二年二月十五日、久光は西郷を奄美大島から鹿児島へ呼びもどし、面談した。ちなみに、このとき西郷は大島三右衛門と名乗っている。「奄美大島に三年暮らした者」という洒落っ気ある変名だ。表向き死んだことになっているから、正々堂々と西郷吉之助を名乗ることができなかったのだ。ようするに久光は上洛に際し、斉彬のもとで江戸や京で周旋して回った西郷の人脈に期待したのである。

薩摩の事実上の藩主が兵を率いて上洛するという話は、全国の尊攘派を奮い立たせた。薩摩は西国を代表する雄藩であり、幕府もその実力を認めている。その薩摩藩がいよいよ攘夷を決意し、因循姑息な幕府へ決断を促す時がきたと感じたのだ。しかし、それは期待外れに終わる。いや、期待外れどころか、全国の尊攘派志士にとっては、相思相愛だと思っていた相手に手痛いふられ方をしたようなものだろう。久光に攘夷の意思はまるでなかったのだ。彼の本音は公武合体にあった。あくまで朝廷と幕府が一体となって困難な政局を乗り越えようとしていた。そのためには幕政改革が必要。よって朝廷から幕府へ勅使を派遣してもらい、幕府に改革を迫る――それが上洛の狙いであった。

四月十六日に上洛した久光は朝廷より志士らの鎮撫を命ぜられていたから、一部の藩士が決起するという話を耳にして、そのまま黙って見過ごすわけにはいかなかった。そのころ西郷は下関にいたが、急ぎ同志らを説得しなければならぬと考え、伏見へ向かったという。これが久光の逆鱗に触れた。久光からは下関で待機するように命じられていたからだ。西郷が決起を止めようとしたのか、みずから決起に加わろうとしたのかはわからない。西郷は激しやすいタイプであり（「三八のミステリー」参照）、下関で旧知の攘夷志士・平野国臣《くにおみ》に会い、僧月照とともに死のうとして死ねなかったことを悔いたあと、「いまや、公（平野）ら同じく斃るるの時に臨む」と激している。西郷は捕縛され、徳之島、さらには沖永良部島《おきのえらぶじま》へと配流される。奄美大島へ流された際は、島での行動は自由だった。しかし、こんどは罪人として配流されたのである。

　ところで、寺田屋に集まった有馬たちはどんな計画を立てていたのだろうか。彼らは久光の上洛に時を合わせ、幕府に理解を示す関白九条尚忠《ひさただ》邸や幕府の京都所司代邸を夜襲しようとしていたのである。それだけではない。彼らは長州藩とも手を握っていた。いや、長州藩が有馬らのスポンサーとなり、当時、藩主毛利敬親《たかちか》の世子《せいし》定広が上洛中であった。長州は藩ぐるみで決起に加担していたといえなくはない。事実、長州の久坂玄瑞《くさかげんすい》（松下村塾門下生の秀才）らも大挙して京に入り、テロ攻撃のタイミングを虎視眈々と狙っていたのである。

　文久二年の寺田屋事件といえば、凄惨な同士討ち、すなわち内ゲバだとされ、内ゲバを誘発した久光に非難が集まっている。だが一つまちがうと、京の町は騒乱の巷と化していた。それを未然に防いだという意味で、この事件の歴史的意義を見直すべきかもしれない。

二のミステリー

島津久光の「幕政改革」がもたらした「功罪」と「幕末重大事件」への影響

桜田門外の変で大老井伊直弼《なおすけ》（彦根藩主）が水戸藩士らに討たれると、世上で「幕府恐るるに足らず」の機運が生じる。あれだけの恐怖政治（安政の大獄）を断行した大老が一朝にして路傍の露と化したのだから当然といえば当然だ。その後、幕府は朝廷との融和政策（公武合体）を進めようとするが、その旗振り役だった老中安藤信正（陸奥磐城平藩主）が坂下門外で襲撃され、幕府の権威はますます地に堕ちた。それに輪をかける事件が起きた。

無位無官の島津三郎久光という男が朝廷の権威を後ろ盾に幕府へ改革を求めたからだ。久光は薩摩藩主茂久《もちひさ》の実父として国元では「国父」として藩主の尊崇を集めているが、いってしまえば、当時は無位無官の〝ただの男〟（その後、従四位下左近衛権少将。維新後には左大臣にまで昇進する）。その男が文久二年（一八六二）三月、藩兵を率いて鹿児島を発ち、四月に上洛を遂げた。これを率兵《そっぺい》上京という。

そもそも幕藩体制がしっかりした時代には、外様藩主の実父が兵を率いて上洛することなど考えられなかった異常事態。この久光の行動を「攘夷実行」と勘違いした志士らが薩摩の動きに期待を寄せたことは寺田屋事件の項で書いた。しかし、久光は生っ粋の公武合体派であり、幕府を揺さぶって攘夷を実行しようとする志士や一部の薩摩藩士の期待を裏切った。久光は四月二十三日、伏見の寺田屋で暴発しようとする藩士を粛清し、朝廷の信頼をえた。朝廷はその後、大原重徳《しげとみ》を勅使として江戸へ派遣し、公武合体を推し進めて国難を乗り切れるような体制作りを幕府に求めることになった。こうして久光は同年五月、勅使の大原を伴って京を発ち、六月に江戸入りする。勅使の大原は江戸城へ入り、自身は上座に座って、呼びつけた老中に一方的に勅命に従うように命じた。これまた異常事態であった。大原は復権した朝廷の権威と薩摩の武力を背景に、幕閣を恫喝したのだ。したがって、勅使を伴い、藩兵を率いて江戸入りした久光の行動そのものが、幕府の権威を失墜させたといえる。これがこの事件における久光の「罪」。

その一方で、幕府は一橋慶喜《よしのぶ》（のちの将軍）を将軍後継職、松平春嶽（前越前藩主）を政治総裁職に任じるなどの改革を実行した。これを「文久の改革」という。慶喜は、かつて島津斉彬《なりあきら》らが将軍職につけようとした人物。松平春嶽も斉彬と同じく慶喜を将軍職に推し、安政の大獄に連座している。改革によって、安政の大獄で逼塞していた一派が完全に息を吹き返したことを意味する。これが改革実現に繫げた久光の「功」。このように功罪相半ばする久光の行動だが、その後、彼は二つの「幕末重大事件」にかかわることになる。

改革を成し遂げた久光は、八月二十一日に江戸を出発して東海道を西へ進んだ。そうして行列は、武蔵国生麦村（神奈川県横浜市鶴見区）にさしかかり、イギリス人商人リチャードソンら四名と行き会う形となった。彼らは乗馬のまま久光の駕籠近くまで乗り入れ、リチャードソンは、薩摩藩士の奈良原喜左衛門らに斬り殺された。史上有名な「生麦事件」である。攘夷の風潮を代表する事件とされているが、たまたま相手が外国人だっただけの話であって、実際には薩摩藩士がイギリス商人を無礼討ちしたにすぎない。だが、巷の攘夷派らの目には、久光が攘夷を決行したように映った。だから、この無礼討ちにすぎない事件が、後世に名を残すことになったのだろう。とはいえ、イギリス政府は黙っていない。やがて、イギリスが下手人の差し出しを拒み続ける薩摩へ艦隊を派遣。薩英戦争の導火線となる。

生麦村でイギリス人を斬り殺した久光一行は、閏八月六日、ふたたび京へ入った。しかし、久光が江戸へ下向する前と後では京の情勢が一変していた。長州藩が藩論を「攘夷」でまとめ、久坂玄瑞《くさかげんずい》らが朝廷工作に暗躍していた。何度でも書くが、久光は公武合体派であり、寺田屋事件で証明されているとおり、攘夷派を毛嫌いしている。この年の正月、久坂は坂本龍馬に土佐藩勤王党（攘夷派）の武市半平太《たけちはんぺいた》へ宛てた手紙を託し、「（攘夷のためなら）尊藩（土佐）も弊藩（長州）も滅亡しても大義なれば苦しからず」といい放っている。攘夷は幕府の政策への対決スローガンであり、幕藩体制の否定を内包している。とてものこと久光が容認できるものではなかった。久光は、長州藩士や土佐藩士らの跋扈する京に辟易し、かつ、生麦事件への対応で国元へ帰る必要性もあって、閏八月二十三日、不穏な事態が起きたら中川宮（仁孝天皇の猶子）に相談するように在京の藩士へ言い残し、鹿児島へ帰ってしまう。この攘夷派を毛嫌いする久光の態度が翌年の「八月十八日の政変」という重大事件に繋がる。

朝廷内では、国事御用係メンバーで過激攘夷派の三条実美《さねとみ》らの動きをけん制しようと、その後も久光の上洛を求めたが、薩英戦争の勃発などによって久光は鹿児島を動けず、その間、長州藩らが攘夷決行を掲げ、天皇の大和行幸や中川宮の西国鎮撫大将軍任命などを図って事態はより緊迫していった。とくに西国鎮撫大将軍任命に驚いた中川宮が狼狽し、薩摩藩士の高崎正風を頼り、京の薩摩藩と会津藩を中心にクーデターの準備が進められた。文久三年（一八六三）八月十八日の深夜、中川宮や会津藩主松平容保《かたもり》らが参内し、薩摩・会津両藩を中心とする藩兵によって御所の九門が固められた。そうして三条ら攘夷派公卿と長州藩主毛利敬親《たかちか》・定広父子の処罰などが決議された。長州藩は堺町御門の警備を免ぜられ、京都を追われる形となった。三条らも参内や面会禁止となり、攘夷派の七卿（三条実美・三条西季知《にしすえとも》・東久世《ひがしくぜ》通禧《みちとみ》・壬生《みぶ》基修《もとおさ》・四条隆謌《たかうた》・錦小路《にしきこうじ》頼徳《よりのり》・沢宣嘉《のぶよし》）が長州へ落ち延びた（七卿落ち）。こうして長州藩の苦悩の日々がはじまるのである。

二のミステリー

イギリスの「艦隊派遣」を甘く見た久坂玄瑞の「過激攘夷」

文久三年（一八六三）五月十日、馬関（下関）海峡を通過するアメリカ船へ、長州藩の新鋭船庚申丸が砲撃を開始した。その後も、長州藩は下関砲台から異国船へ攻撃をくわえる。軍艦と沿岸の砲台によって下関海峡を封鎖したのだ。

長州藩は三条実美《さねとみ》ら長州びいきの公卿らを動かし、幕府へ攘夷決行を約束させるところまで漕ぎつけた。勅（天皇の命令）を奉じて攘夷をおこなうという意味で「奉勅攘夷」と呼ばれている。実行日が文久三年五月十日と決まり、長州藩が先頭切って攘夷を断行したのである。ここまで徹底した攘夷を敢行したのは幕末諸藩の中でも長州藩だけだ。そのためか、「♪見せてやりたや異国のやつ（奴）に　長州がたな（刀）の切れあじ（味）を」と謳われ、民衆は攘夷路線を突き進む長州藩を囃したてた。当時、長州藩で攘夷の中心にいたのが吉田松陰の弟子で高杉晋作とともに「松下村塾の秀才」といわれた久坂玄瑞《くさかげんずい》だった。

しかし、結果からいうと久坂らの攘夷は失敗に終わり、砲撃の報復としてフランスの陸戦部隊に一時、下関砲台は占拠された。泰平のねむりについていた武士たちは、「長州刀の切れ味」

どころか刀は錆びつき、ただおろおろするしかなかった。これに危機感を抱いた高杉が藩主へ献策し、農民らによる軍隊（奇兵隊）を創設した話は有名だ。やがて、八月十八日の政変で朝廷から長州勢力が一掃され、翌年の蛤御門の変で長州は「朝敵」となった。

一方、長州はいったん破壊された下関砲台を修復し、その後も海峡封鎖を続けており、元治元年（一八六四）八月、ふたたび列挙諸国に惨敗を喫する。イギリスがフランス・アメリカ・オランダを誘い、海峡を封鎖していた下関砲台を完全に沈黙させるべく長州藩への懲罰へ踏み切ったのである（南北戦争中のアメリカはアメリカ人商人からチャーターした砲艦一隻のみの参加）。こうして下関は四国連合艦隊の軍艦や陸戦部隊の攻撃にさらされ、下関砲台の撤去や賠償金三〇〇万ドルの支払いを骨子とする講和が成立した（下関戦争）。長州が蛤御門の変に藩兵の大部分をさき、上洛させていたことも敗因だった。

長州が文久三年五月十日の攘夷に失敗してから、坂道を転がりこむように転落していったことがわかる。そもそも、朝廷や幕府がいう攘夷には、外国船の打ち払いまでは意図していなかった（「一九のミステリー」で詳述）。久坂は同じ攘夷でもかなり過激な行動にでたことになる。久坂は、西洋列強、とくにイギリスの方針を見誤ったのである。だが、久坂に戦略眼や国際情勢を読み解く分析力が欠けていたということではない。以下、久坂の弁護をしてみたい。

時代はだいぶさかのぼる。アヘン戦争（一八四〇年～一八四二年）によって清国を開国させたイギリスはさらなる権益拡大を狙い、第二次アヘン戦争（一八五六年〜一八六〇年）を引き起こす。きっかけは、清国の官憲が海賊の容疑でイギリス船籍を名乗るアロー号を臨検し、イギリス国旗を引きずりおろしたことだった（アロー号事件ともいう）。たったそれだけの事件だが、イギリスはフランスを巻きこみ、戦争をはじめて清国を事実上、半植民地化する。

一方、日本では諸外国との条約締結後、攘夷の名のもとに公然と外国人や外国公館の職員が殺害されていた。安政七年（一八六〇）正月、イギリス公使館の通訳だった伝吉という日本人が領事館だった東禅寺（品川区）の門前、しかもユニオンジャックの国旗の下で殺害される事件が起きた。殺害されたのは日本人だが、彼はイギリスの公使館員。しかも、犯行はイギリス国旗の下で行われた。状況としてはアロー号事件と酷似している。この侮辱行為に、イギリスが戦争を仕掛けてきたとしても不思議ではなかった。公使のオールコックは、上海に在駐するイギリス東インド艦隊中国方面司令長官のホープに日本への軍艦派遣を要請したが、ホープは、中国問題が解決していないことを理由に派遣を断っている。中国問題というのは中国国内の内戦（太平天国の乱）をいう。イギリスはその内戦にかかわっていた。つまり、日本で攘夷活動が横行していたとき、イギリスは中国問題に足をとられ、動くに動けなかったのだ。万延元年十二月にアメリカ公使館の通訳ヒュースケンが麻布（港区）付近で攘夷志士に襲われ、命を落としたときもそうだった。アメリカの連邦議会は南北戦争（一八六一年〜一八六五年）の開戦をひかえ、軍艦派遣を見送らざるをえなかった。

イギリスが横浜に本格的に艦隊を駐留させるのは文久二年（一八六二）になってからだ。その意味では、久坂の情勢判断はまったくの的外れとはいえない。事実、イギリスのラッセル外相も、下関海峡が長州によって封鎖されたのちも「敵対的意図が明白に示されなければ（下関）砲台破壊を企図すべきではない」という考えを示していた。イギリスは中国での内戦の反省から、日本との全面戦争を避け、自由貿易体制の維持を最優先させていたのだ。もし久坂の認識が誤ったとしたら、それは、横浜港から出荷される日本産生糸がヨーロッパ市場を席巻し、取引量が急激に伸びていたことだろうか。ところが、その横浜港を鎖港するという議論が日本国内で沸騰し、イギリスは危機感を強めた。つまり、イギリスは下関海峡封鎖の事実よりも、横浜鎖港によって貿易の利益が損なわれることを懸念し、その撤回を幕府へ求め、いわば恫喝のために下関砲台を攻撃したのである。久坂の誤算は、彼らが考えている以上に列強諸国が日本の経済的地位を高く評価していたことだったといえよう。

現在の下関砲台の様子

一三のミステリー

「薩英戦争」で薩摩藩が世界最強海軍を追い払うことができた「意外な理由」と「ドル箱」の関係

長州藩が下関でおこなった攘夷が失敗に終わった二カ月後の文久三年（一八六三）七月、こんどは世界最強といわれるイギリス海軍によって鹿児島の城下が炎につつまれる。薩英戦争の勃発である。

攘夷を声高に叫ぶ長州藩の攘夷が振るわなかった一方、薩摩藩はイギリス相手に善戦した。いや、幕府が薩摩藩の「御勝利」を喜び、天皇からもその奮戦を讃える詔勅が下されていることからすると、日本国内では、薩摩藩がイギリスとの攘夷戦争に勝利したとみていた節がある。実際には、薩摩の砲台はことごとく破壊され、鹿児島の市街も艦砲射撃によって焼き払われており、イギリス艦隊が一方的に横浜へ撤退したにすぎないわけだが、なぜイギリス艦隊は撤退を決め、日本側に「薩摩藩勝利」と思わせる結果となったのだろうか。

イギリス極東艦隊のキューパー提督が横浜に入港していた軍艦七隻を率い、その前年に起きた生麦事件（薩摩藩士によるイギリス人殺傷事件）の賠償金支払いのための示威行動が薩英戦争の導火線となった。ちなみに、キューパー提督は翌年の四国連合艦隊（イギリス・フランス・アメリカ・オランダ）による下関攻撃の際の司令長官でもある。

イギリスは、薩摩藩士の奈良原喜左衛門ら生麦事件の実行犯の引き渡しと一〇万ポンド（四〇万ドル）の賠償金支払いなどを幕府に求め、交渉の末、幕府は賠償金を支払うことになった。どうして薩摩がおこなった不祥事の尻拭いを幕府がするのか不思議に思うかもしれないが、それは幕府が日本政府を代表しているからだ。長州藩も、幕府の命令で攘夷をおこなったという理屈（たしかに幕府は勅命を受けて朝廷に攘夷決行を約束していたが、形式にすぎなかった）で、幕府に下関戦争の賠償金を支払わせている。もしも幕府が薩長両藩に賠償金を支払わせたら、両藩をいわば独立した存在と認めることになり、西洋列強諸国に薩摩・長州・幕府がそれぞれ対等の立場だと認識させることを意味する。そんなことはできない。

ところが、幕府はそこで過ちを犯した。イギリスは幕府に賠償金の支払いと同時に実行犯の引き渡しを求めている。幕府が薩摩へ犯人の引き渡しを求めるべきだったが、それを強要する立場にはないという姿勢をとった。イギリスからすると、前述したとおり、薩摩と幕府が対等の関係であるかのように映ってしまう。薩英戦争後、イギリスが薩摩と急接近するのは、そのあたりの矛盾を感じたからだろう。

少し話が先走りすぎた。話をもどすと、イギリスは生麦事件の被害者遺族への補償と実行犯引き渡しを薩摩へ求めることになった。イギリス艦隊は六月二十二日に横浜を出港し、二十七日に鹿児島湾に投錨した。ここで手違いが生じる。

イギリスは事前に幕府に対して、薩摩へ要求する内容を通告していたが、幕府が夜を徹して通告文の翻訳作業をおこなったところ、〝誤訳〟してしまい、薩摩へ、イギリスは「三郎（久光）の首を差出すべし」と通告していると伝えてしまったという。翻訳には、当時、幕府の翻訳方であった福沢諭吉がかかわっていた。実際に〝誤訳〟が誤解を招いた原因だと断定はできないものの、これで薩摩の態度は硬化した。理由はどうあれ、藩主の実父（久光）の首を差し出せという話を聞いて黙ってはいられないからだ。

そこで薩摩は、突拍子もない作戦を考えだした。藩士らが〝スイカ売り〟に化けて敵艦へ上がり、キューパー提督やニール代理公使を殺害しようという計画だ。二十九日、彼らは八隻の小舟に分乗して近づき、そのうち二隻に分乗した藩士らが藩庁からイギリスへの回答書を持参していると嘘をつき、旗艦ユーリアラス号への乗艦が認められたのである。作戦は成功するかに思われたが、なぜかこの計画は中止になっている。

ともあれ、薩摩がイギリス側の要求（実行犯の引き渡しなど）を突っぱねたのちも、イギリスはなおも威嚇によって要求をのませることができると考え、七月一日の朝、薩摩藩が保有する蒸気船三隻を拿捕した。ちなみに、拿捕された薩摩の蒸気船には薩摩藩士の五代才助（のちの実業家五代友厚《ともあつ》）が舟奉行添え役として、また、松木弘安（のちの外務卿寺島宗則）が通訳として乗りこんでおり、イギリス海軍の捕虜となった。

のちにイギリスが鹿児島への上陸を検討した際、二人が「陸戦ではとうていイギリスに勝ち目はない」と答えたため、キューパー提督は彼らの意見を聞き入れたと伝わる。

いずれにせよ、こうしてイギリス海軍による蒸気船拿捕事件が薩摩の怒りを招き、薩摩に開戦を決意させるに至る。

そして七月二日、ついに薩英戦争の火蓋が切って落とされ、その日の正午、鹿児島湾沿岸の砲台が一斉に火を噴いた。このとき旗艦ユーリアラス号の反撃が二時間遅れている。その理由は、イギリス公使館の通訳アーネスト・サトウの回顧録によって知ることができる。

「艦上にまだ賠償金が積んであったため、ドル箱の堆積が、弾薬庫の戸を開ける邪魔になっていた」

というのだ。イギリスは幕府から受け取った生麦事件の賠償金を横浜で旗艦へ積みこみ、鹿児島へ遠征していたのである。文字どおりのドル箱を弾薬庫の前に置いていたという。これではどうしようもない。

そもそも、イギリスの目的は薩摩への示威行動であって、薩摩との戦争は想定していなかったのである。

しかも、薩摩の砲台は、旗艦ユーリアラス号が射程圏内に入るや、猛攻を加え、結果、甲板

油断していたイギリス軍の一時退避が薩摩勝利と勘違いさせた

に命中した砲弾が炸裂して、イギリス側は艦長や副長ほか、多くの死傷者をだす惨状となった。ユーリアラス号が砲台の射程圏内に入ったのは、折からの暴風雨により、船が押し流されたからだといわれる。また、イギリス艦隊の反撃の遅れは、この暴風雨によって錨を上げるのに手間取ったことにも一因があった。

それでも装備面では薩摩よりイギリスのほうがはるかに優れている。とくにイギリスは最新式のアームストロング砲（後装式の施条砲）を備えていたし、ロケット弾で薩摩の陸上の軍事施設（集成館）を撃破し、鹿児島城下を火の海にした。ちなみに、この市街地攻撃は、イギリス本国の議会でも非難の対象となった。太平洋戦争では非戦闘員を対象にした空襲や原爆投下がおこなわれたが、幕末のこの時代、戦争にも一定のルールがあり、まだ良心が存在していたといえる。

こうしてイギリス艦隊は七月二日から三日にかけて鹿

児島を攻撃したのち、鹿児島湾から撤退した。想定外の被害を招いたことや、暴雨風が作戦の進行に支障をきたしたことも原因だが、最大の理由は「石炭、糧食、弾薬などの不足」(アーネスト・サトウの証言)だったという。

さきほども書いたが、イギリス艦隊の目的は示威行為であって、生麦事件の実行犯さえ引き渡してもらえたらそれでよかった。薩摩藩との戦闘行為そのものを想定していなかったのだろう。薩摩藩が示威行為に屈すると考えていたところに、やはり油断があった。だからこそ、生麦事件の賠償金が入ったドル箱を弾薬庫の前に置いていたのだ。油断が薩摩に攘夷成功の名誉を与えたことになる。

こうして世界最強海軍を追い払った薩摩だが、のちに幕府から借り入れして補償金を支払い、イギリスと和睦している。当時、薩摩はすでにイギリスのジャーディン・マセソン商会と取引しており、この戦争を機にイギリスとの関係がより緊密化し、それが新政府へと引き継がれてゆくのである。

一四のミステリー

新撰組を一躍有名にした「池田屋事件」の捏造疑惑

京の治安維持に奔走し、尊王攘夷派の志士を震え上がらせた新撰組。しかし、文久三年（一八六三）二月、近藤勇が江戸の剣術道場試衛館《しえいかん》の門人らと上洛したときには、彼らも尊王と攘夷の志に燃える集団だった。そんな彼らがどうして同志であるはずの尊攘派の志士を斬りまくることになるのか。まずは幕末のスター軍団誕生の経緯をみてみよう。

当時、幕府は尊攘派の浪人対策に頭を悩ませてきた。そこで幕閣は、浪士らを内部に取りこんで懐柔しようとした。その策を幕府に勧め、浪士募集を実現させたのが出羽庄内の浪士清河八郎だった。清河は殺人を犯して逃亡中の身の上だったにもかかわらず、幕府は彼の罪を赦し、事実上、浪士たちを指導する地位を与えた。つまり、毒（清河）をもって毒（浪士）を制する策へでたのである。募集の結果、江戸小石川の伝通院（文京区）に二五〇名が参集し、浪士組が結成された。その中に試衛館一派として、近藤や土方歳三《としぞう》・沖田総司・山南《やまなみ》敬助・斎藤一《はじめ》・永倉新八・藤堂平助らもいた。のちに新撰組の幹部になる面々だ。

そのころ幕府は、長州藩などに動かされた朝廷から「攘夷実行」を迫られていた。十四代将軍徳川家茂《いえもち》は天皇にその覚悟を示さざるをえなくなり、三月四日に上洛を果たす。浪士組は、その将軍家茂上洛の先駆けとなり、将軍より一足早く江戸を発って二月二十三日に京に着いた。彼らは壬生《みぶ》村の郷士宅などに分宿するが、到着した翌日、清河はさっそく牙を剝く。彼は朝廷に提出した建白書で、次のような理論を展開する。

まず浪士組は、大樹公（将軍）が皇命（天皇の命令）を尊び、夷狄《いてき》を攘《はら》う大義のために上洛するというのでつき従ったにすぎない。つまり、幕府の世話で上洛したものの、幕府から禄位（給料）をもらっているわけではない。したがって、皇命を妨げるものがあればそれが有司の者であっても容赦しない――。

これではまるで幕府に喧嘩を売っているようなものだ。清河は、幕府が募集した浪人らを天皇に忠誠を誓う攘夷決行集団へ転じようと企てたのだ。むろん幕府は、長州らの尊攘派が暗躍する京の巷に彼らを放置するわけにはいかなくなり、すみやかに彼らを江戸へ帰そうとした。

そのころイギリスの軍艦が横浜港に来航し、生麦事件の賠償を幕府に迫っていた。清河にとっても、将軍不在の江戸で攘夷の兵を挙げる恰好の機会をえることになり、江戸帰還に異論はなかった。ところが、試衛館一派と水戸派と呼ばれる芹沢鴨（のちの新撰組筆頭局長＝のち試衛館一派に殺害される）ら一七名は反発して、清河と袂を分かつ。

大正の初め、永倉が元新撰組幹部として新聞記者に語った回顧録によると、芹沢が同宿の近

現在の新撰組壬生屯所跡

藤らとともに清河のもとへ押しかけ、江戸帰還に反対の旨を告げるものの、談判は決裂。その際、清河は畳を蹴って席を立ったという。その後、近藤らは、浪士組を差配する幕臣鵜殿鳩翁《うどのきゅうおう》に相談し、京都守護職の任にあった会津藩主松平容保《かたもり》の預かりとなり、壬生浪士組（のちの新撰組）として再発足する。ちなみに清河は江戸へ帰ったのち、麻布一ノ橋（港区）で幕臣の佐々木只三郎らに斬られ、浪士組は庄内藩預かりの新徴組となった。

それでは、京に残った近藤ら一七名の壬生浪士組は、何がしたかったのか。清河の行為を幕府への裏切りとみて、近藤・芹沢が反発したという見方もあるが、二人とも前述した清河の建白書に署名している。芹沢は尊攘思想の本家本元といえる水戸藩出身であり、近藤も筋金入りの尊攘志士だった。ただし、次の点で清河と主張がちがった。近藤らは公武合体、つまり幕府と朝廷が一体になった攘夷を期待したのだ。そこで近藤は「大樹公（将軍）が江戸へ御下向の上、勅（天皇の命令）を拝命して攘夷を決行し、神州の穢れを清浄するのなら大悦至極。ただ、大樹公が御下向される前に浪士組だけが東帰することは一統忍び難い」という嘆願書を幕府に提出した。ある意味、清河よりも過激な攘夷精神であり、正論だった。

しかしながら、幕府にとって近藤らの主張は、迷惑この上ない話だった。そもそも、将軍は「公武合体」を進めるため、いわば攘夷を強く望む孝明天皇と朝廷のご機嫌取りのために上洛したにすぎず、一刻も早く江戸へ帰りたいというのが本音だった。その幕府の誤算は、将軍の江戸帰還が六月十三日まで伸びたこと。その間、朝廷に「攘夷実行」の言質を取られてしまった。また、近藤らにとっても将軍の帰還は誤算であった。このとき近藤らにも、幕府に本気で攘夷をおこなう考えのないことがわかったのだろう。そこで路線変更を余儀なくされる。

近藤が郷里の知人に宛てた手紙に「（将軍が江戸に帰り）攘夷延行つかまつり候はば（中略）洛陽（京）不穏なることと存じ奉り候。しかるによって拙者（近藤）どもしばらく洛陽にあいとどまり（中略）その後、攘夷にもあいなり候はば、速やかに下東つかまつり、醜虜《しゅうりょ》（夷狄）掃《そう》攘《じょう》の魁《さきがけ》つかまつりたく候」とある。つまり、このまま幕府が攘夷実行を先送りしたら、京に不逞の輩が跋扈することになるから、それまでは彼らを取り締まり、いよいよ攘夷実行となったら江戸へ帰り、率先して夷狄を退治するという。近藤がいう不逞の輩というのは、長州藩らの尊攘派のこと。こうして会津藩京都守護職預かりとなった近藤らが京にとどまり、同じ尊攘派の長州藩士らを取り締まる組織（新撰組）へと姿を変えていったのである。

その後、時代はやや下って元治元年（一八六四）となる。前年の八月十八日の政変で京を追われていた長州藩士や宮部鼎蔵《みやべていぞう》（熊本藩の脱藩浪士）らが、三条小橋《こばし》たもとの池田屋で密会する事件が起きる。そのころ国元の長州では、軍勢を率いて上京し、態勢を挽回する論が沸騰していた。それと呼応し、京に潜伏する長州藩士や宮部らが御所への放火や天皇奪回計画をめぐらしたとされる。諸藩の脱藩浪士を含めて尊攘派志士の意気が最高潮に達する中、元治元年六月五日、「池田屋事件（騒動）」が起きた。会津藩傘下の新撰組が、浪士や長州藩士らがうち揃って密会中の池田屋を急襲し、ことごとく討ち取るか捕縛し、この事件によって維新の実現は三年遅れたといわれる。しかし、この事件には謎が多い。

まず浪士や長州藩士らは御所へ放火するというテロリスト顔負けの計画を本気で実行しようとしていたのかどうか。じつをいうと、御所放火などの計画は、京の商家の主人で尊攘派でもある古高俊太郎《ふるたかしゅんたろう》が新撰組に捕縛され、拷問の末に吐いた話であった。自白を強要された疑いが強い。長州藩士の桂小五郎（のちの木戸孝允《たかよし》）が事件の六日後、同僚の長州藩士に宛てた手紙で「洛中放火し一挙致し候なぞとの虚説までおこり……」と、あくまでテロ計画は虚説であると主張している。むろん、浪士や長州藩士らが八月十八日の政変以前の政治にもどすべく陰謀を巡らしていたのは事実だろう。しかし、京から追放された長州藩士の動きは制限されていたとはいえ、京の河原町御池《かわらまちおいけ》にある藩邸には少ないながらも留守居の者らがいて、公的な組織（藩）として存立している。この時点ではまだ「朝敵」ではなかった。いかに会津藩が京都守護だといえども、テロ計画の確固たる証拠がない以上、踏みこむわけにはいかず、よって、身分が不確かな浪士集団の新撰組を利用したのだろう。

その日の夜、会津兵と新撰組は手分けして浪士や長州藩士らが密会していそうな茶屋を一つずつ調べる手筈になっていたが、近藤の手紙からは、会津兵との待ち合わせ時間（午後九時ごろ）になっても、会津兵は「御人数御くりだし（繰り出し）延引」という状況となり、祇園町会所《ぎおんまちかいしょ》で身支度を整えた新撰組隊士らは二手に分かれ、単独で行動した事実が判明する。会津兵は待ち合わせ時間に遅れ、近藤らが池田屋に踏みこんだころ、彼らはようやく陣屋の黒谷を後にしている。明らかなサボタージュだ。

一方、桂は『自叙』において、池田屋で志士たちが密会した目的は、新撰組に捕縛された古高の身柄の奪還（新撰組の壬生屯所《みぶとんしょ》襲撃計画）だといっており、そう理解するほうが自然だろう。つまり、池田屋事件は、御所に放火するという大規模なテロ攻撃を未然に防いだ快挙ではなく、あくまで尊攘派による新撰組屯所襲撃計画を未然に防いだという局所的な事件との解釈が妥当なのではなかろうか。

一五のミステリー

やられたらやり返す！「蛤御門の変」前夜に久坂玄瑞が練った「究極の報復作戦」

元治元年（一八六四）に薩摩の島津久光は、大久保利通（正助）や小松帯刀らの意見をいれ、沖永良部島《おきのえらぶじま》へ配流していた西郷隆盛の赦免召還を決定する。のちに西郷は島から鹿児島へもどって来た時を思い出し、「島より帰りし時は立ち難く、ただ心のみ馳せしも、この両足は大切の商売道具なれば、厚く自養生せり」といっている。さすがに長年の幽閉生活（西郷は座敷牢で暮らしていた）で立つこともままならなかったが、島流しの間、足腰は大事な商売道具だからと思い、養生に努めていたというのだ。たしかに、鹿児島へもどった西郷は突如、動乱渦巻く時勢の荒波の中に放り出された感がある。それほど世の中は沸騰していたのである。その沸騰した時局の中心にいたのが長州藩だった。

前年の八月十八日の政変で失脚した長州藩は、この年の六月五日、京の池田屋で攘夷派の志士の多くを失くすと、いよいよ、失地回復のために「暴発」するという噂が飛び交っていた。暴発を仕組んだのは、吉田松陰の松下村塾に学んだ久坂玄瑞《くさかげんずい》だともいわれるが、決してそうではない。元治元年二月ごろ、長州藩内で京都への「進発論」（率兵上京《そっぺいじょうきょう》し、朝廷に入京の許可をもらって藩主父子の汚名返上を願い出ること）が浮上したとき、京都にいた久坂はこれに反対し、説得のために国元へ帰国している。ところが、久坂は四月になって一転し、進発論者となる。京で重大な情勢変化が起きていたからだ。朝廷内で、いったん開港した横浜港を鎖港すべきかどうかといった問題が沸騰していたのだ。長州藩が表舞台から退場したのちも、攘夷論は消えなかったのだ。当時、「禁裏《きんり》（御所）守衛総督《しゅえいそうとく》」に任じられていた一橋慶喜《よしのぶ》（のちの将軍）が参与会議（島津久光もそのメンバー）を催し、その対応を協議したが話し合いは不調に終わり、諸侯らは兵を率いて国元へ帰ってしまっていた。

そのころ久坂が藩に提出した意見書には「三奸《さんかん》退去に乗るべきの機、一なり。人心帰向に乗るべきの機、二なり。この二機に御乗じ、これなくては、ついに乗るべく機、これ有るまじく候事」とある。まず第一に、「三奸（薩摩藩の島津久光・越前藩の松平春嶽《しゅんがく》・宇和島藩の伊達宗城《むねなり》）」が退去した機（機会）を逃すべきでないと主張。「三奸」はいずれも、当時の政権を担っていた参与会議のメンバーだ。とくに大藩である薩摩の島津久光の帰国は、京に「軍事空白」をもたらした。つづいて久坂がいう「人心帰向」とは、当時、巷に長州藩への同情論が沸騰し、長州シンパの浪士らが京に潜入していたほか、長州に同情的な藩との同盟締結の気運が盛り上がっていたからだ。

久坂は六月十六日、藩兵をともなって長州を発ち、京近郊の山崎（京都府大山崎町）へ進駐した。一方、京近郊に長州兵が迫っていることに焦った朝廷は数回にわたり朝議を催し、一時は朝廷内でも長州への同情論がでて、情勢は長州有利に傾きかける。六月二十七日には、朝議で長州兵の入京が許可された。しかも、このとき諸藩はこののちの展開が読めず、幕府の出兵要請にも消極的であった。薩摩でさえ、兵が不足して禁裏守衛以外の出兵要請を断るという状況にあった。まさに久坂の狙いどおりに事は運んでいたのである。

しかも、鳥取藩と長州藩の間でクーデターを仕掛ける密約が交わされていた傍証もある。長州藩重役間の書状にその具体的な計画が書かれている。それによると、鳥取藩兵で御所の諸門を固め、八月十八日の政変で長州藩追い落としを図った中川宮の参内を差し止め、その間に攘夷派の有栖川宮《ありすがわのみや》を中心に「逐会之勅命相下」、つまり、会（会津）を御所から放逐する勅命をたまわる計画だったという。やられたら、やり返す。長州は、八月十八日の政変で薩摩と会津にやられたことをやり返そうとしていたことになる。御所の禁門周辺で武力衝突があった前夜、長州藩の桂小五郎（のちの木戸孝允《たかよし》）が鳥取藩邸に入っているのは、その密約の存在を裏付けるものだろう。しかし、長州が期待したクーデターが実現するどころか、朝議が決するまで時間を浪費したことが痛手となった。

その沸騰した京に西郷がいた。長州藩兵が京の近郊で虚しく時を過ごす間、七月十六日になって西郷に呼び寄せられた薩摩兵が京に到着する。その鹿児島から駆け付けた兵をあわせると、薩摩の在京勢力はほぼ一〇〇〇。一方の長州の藩兵も一〇〇〇だから、薩長の兵力が互角になり、幕府と反長州派の皇族公卿らは一気に強気の態度にでた。こうして久坂の計画は頓挫し、翌日の軍議で久坂が「進発論」を食い止めようとしたが、来島又兵衛《きじままたべえ》に一蹴されると、正真正銘、長州の「暴発」がはじまる。

会津藩を中心とする幕府軍は御所の各御門（禁門）を守り、翌十九日の未明から、長州藩兵と軍事衝突した。とくに激戦となったのは御所西側の蛤御門。一時、蛤御門は、来島又兵衛率いる長州の遊撃隊などに破られて幕府軍側は混乱するが、西郷が錦小路の薩摩藩邸から藩兵を率いて救援へ駆けつけ、又兵衛の討ち死後、長州藩は敗走する。発砲したのは幕府側だったといわれるが、長州藩が御所に対して攻撃を仕掛けたのは事実だ。こうして長州は「朝敵」となった。久坂は山崎から堺町御門内の元関白・鷹司政通（攘夷派）の邸へ入り、天皇への直訴を願い出るが、聞き入れられず、自刃して果てた。

西郷が薩摩藩兵を呼び戻し、「変」の当日、臨機応変に対応しなかったらどうなったかわからない。西郷は絶妙のタイミングで島からふたたび召喚され、久坂の計画を阻止したといえよう。

一六のミステリー

薩長が「犬猿の仲」というのは嘘！「蜜月」だった薩長両藩

文久三年（一八六三）八月十八日の政変で薩摩藩は会津藩とともに長州藩を京から追い落とし、翌年の七月、西郷隆盛らの奮戦で長州藩は「朝敵」となった。結果、長州人は薩摩を「奸賊《かんぞく》」と呼んで憎悪した。そのころ、両藩が最悪の関係にあったのは事実だ。

あまりにも、最悪の状態にあった当時の印象が強烈すぎて、薩長は「犬猿の仲」だというイメージが定着してしまった。しかし両藩には、戦国時代、ともに天下分け目の関ヶ原で西軍に与《くみ》し、かつ、西国雄藩どうしという共通項がある。寺田屋事件の際には、長州の久坂玄瑞《くさかげんずい》が薩摩の有馬新七らと連携して攘夷を実行しようとしていた。そもそも、両藩が蜜月関係にあったことを経済面から紐解いてみよう。

安政四年（一八五七）というから、まだ幕末の騒乱が本格化する前の話だ。

当時、染料の藍玉《あいだま》というと、阿波産が全国的に知られていた。そこで薩摩は、自国産の藍玉を全国的に売り出そうと、瀬戸内海沿いにいくつかの中継貿易港をもつ長州への売りこみを画策していた。一方の長州には「四白」（米・塩・紙・蠟）と呼ばれる特産品があり、薩摩はとくに「米」を欲しがった。薩摩は琉球（沖縄）と交易しており、米を琉球への「輸出品」とするためであった。

やがて見聞役《けんぶんやく》（情報収集係）の薩摩藩士から下関の豪商白石正一郎のもとへ、薩摩産藍玉売りこみの話が舞いこんだ。長州藩もこの話に関心を示す。薩摩・沖縄間の交易ルートを通じて、藩特産品の販路拡大に繋がると考えたからだ。また、高杉晋作ら若手藩士の理解者として知られる周布政之助《すふまさのすけ》も、薩長交易は両藩の親善に通じるとして、藩の首脳部を説いた。

結果、薩長両藩は文久元年（一八六一）に交易を本格化する。薩摩藩側の交易の窓口となった薩摩商人はその日記に、

「巳ノ年（安政四年）以来の御取組《おとりくみ》、今日相調《あいととのい》、大慶至極」

と、ようやく実現した幕末両雄の提携に喜びを迸らせている。

こうして薩長同盟（盟約）が成立するよりずっと早く、まだ日米修好通商条約が締結される前から両藩の話し合いがはじまっていたのである。

薩摩藩側の「輸出品」は、藍玉のほか、砂糖・硫黄・鰹節など。一方の長州藩側のそれは、米や塩・木綿などだ。両藩が政治的に対立しはじめても、交易は続いた。文久三年十月、つまり、八月十八日の政変が起きたあとも、薩摩の砂糖と長州の米を売買する契約が取り交わされている。

しかし、さすがに長州国内では「薩賊」への憎悪が煮えたぎり、長州藩兵が京の御所へ向けて進発する直前の元治元年（一八六四）三月ごろともなると、

「去夏（八月十八日の政変）以来の行勢《ぎょうせい》にて、薩州の交易の儀、せんだって差し止められ候」

と、交易の長州藩側の窓口となった長州商人のもとへ、薩摩側から交易中止の沙汰が届いた。

しかし、その半年後、早くも薩摩と長州には和解のムードが流れ、交易も再開される。通説が初めて薩長同盟が成立したとする西郷・桂小五郎（のちの木戸孝允《たかよし》）会談がおこなわれていた慶応二年（一八六六）一月ごろには、砂糖などを積んだ薩摩商人の船が長州の下関に来港している。

こうして復活した薩長交易だが、再開後はより大きな政治的使命を担うことになった。というのも、当時まだ朝敵だった長州に、武器・米そのほかを売ることが幕府によって禁じられていたからだ。

そのころ、長州には幕府軍による再征（第二次長州戦争）の危機が迫っていた。そこで薩長二藩は協議して、長州が薩摩藩名義でイギリス製の武器を買い入れることにした。亀山社中（土佐の坂本龍馬が長崎で結成した貿易会社）がイギリスのグラバー商会から薩摩藩名義で購入したユニオン号もその一つだ。購入代金は長州が負担し、操船は亀山社中がおこなうことになっていた。

こうして薩長交易がすぐさま復活できたのも、安政四年以来のルートがあったからにほかならない。

薩摩藩は御用商人に、

「役所直々《じきじき》（に）手合《てあい》いたし候ても、何かと煩敷《わずらわし》き儀も出来《しゅったい》申すべきにつき」

つまり、藩が直々におこなうと煩わしいことが多いからといい、これまで薩長交易に携わった商人に交易を委任している。長州でも事情は同じであり、民間レベルで〝薩長貿易〟ともいうべき経済活動が活発におこなわれた。

こうみてくると、長州が最新式の武器をととのえ、幕府の長州再征に事実上勝利できたのも、安政四年以来の薩摩との交易がベースにあったからだといえる。

薩長両藩は一時的な政治的立場の違いから互いに憎悪しあう関係になったが、それは一年半の期間にすぎず、幕末期を通してみると、むしろ蜜月関係にあったとはいえまいか。

一七のミステリー

「薩長同盟」を成立させたのは坂本龍馬にあらず？

蛤御門の変ののち、幕府は「朝敵」となった長州へ、一五万に及ぶ征長軍を広島へ派遣した（第一次長州戦争）。幕府は毛利家三家老の切腹を求め、長州藩もそれには素直に応じたが、幕府は長州へ都落ちしていた三条実美《さんじょうさねとみ》ら攘夷派公卿（当時、脱走と病死によって七卿から五卿になっていた）の藩外退去も撤兵の条件としていた。しかし、これは長州の攘夷派には受け入れがたい話だった。なぜなら、実美らは、長州が討幕軍を催す際に旗頭として奉戴する存在だったからだ。この問題で幕府と長州の周旋にあたったのが福岡藩と同藩士の月形洗蔵《つきがたせんぞう》だった。

月形は五卿問題の解決はもとより、薩長の和解も急務と考え、その実現に奔走する。『高杉晋作伝』によると、このとき長州藩を出奔していた高杉と西郷隆盛が月形らをまじえ、酒を酌み交わしたという。史実はどうなのだろうか。

西郷は当時、幕府の征長軍参謀に抜擢されて広島の本営まで来ており、征長軍総督の尾張藩主徳川慶勝《よしかつ》から長州の処分を一任されていた。いくつかの史料から、元治元年（一八六四）十二月十一日、下関稲荷町の料亭対帆楼《たいほろう》に、月形と西郷、長州藩士の高杉および赤禰武人《あかねたけと》奇兵隊総督が集まり、宴席をもっていた可能性が窺える。

まず西郷については、月形らが十日に広島から小倉へ招き、翌日(十一日)、西郷が馬関(下関)へ来たと、五卿の一人・東久世通禧《ひがしくぜみちとみ》がのちに述懐しているから事実といえる。西郷はその後、長州側が五卿の藩外移転や征長軍へ恭順の姿勢を示したことから、広島の本営へ話を持ち帰り、幕府は二十七日に撤兵命令を下す。このとき征長軍が長州領へ攻め入っていたら長州藩は消滅していたかもしれず、対帆楼会談の歴史的意義を見直すべきだろう。

一方、会談に同席したという早川養敬《ようけい》(福岡藩医)が月形とともに馬関に西郷を迎え、高杉と密会していると述べているものの、高杉が参加していなかったとする史料もあり、「西郷・高杉」会談が実現したかどうかは微妙だ。ただし、高杉が出席していなくとも、月形らの周旋によって西郷が長州藩士と会ったのだから、対帆楼会談が薩長の雪解けをもたらし、その後の薩長同盟(盟約)成立の布石になったといえる。そうすると、坂本龍馬が薩長同盟を成立させたとする通説は見直さなくてはならなくなる。

薩長両藩の橋渡し役となった福岡藩士月形洗蔵は、「春雨じゃ、濡れてまいろう」で有名な大正時代の新国劇『月形半平太』のモデル。つまり、いまでこそ坂本の影に隠れているものの、まだ維新からさほど時がたっていない時代、月形は維新回天の英雄とされていたのである。

一八のミステリー

坂本龍馬が関係した「薩長同盟」は事務レベル協議にすぎなかった?

慶応二年(一八六六)一月、土佐の坂本龍馬と中岡慎太郎の奔走によって、京で西郷隆盛と桂小五郎(のちの木戸孝允《たかよし》)が会談。このときをもって薩長同盟(盟約)が成立したとするのが通説だ。まず、その通説にもとづく流れを確認しておこう。前年の慶応元年閏五月、薩長の同盟成立を期した坂本は、鹿児島で西郷の同意をとりつけた足で下関へ向かい、桂を説得した。当時、長州藩に匿われていた中岡が西郷を下関まで連れて来ようと、逆に薩摩へ向ったが、この計画は失敗する。計画に加わった土佐浪士土方久元の回顧録によると、帰ってきた中岡を喜び迎えた坂本が「西郷はどうした? 一緒に来たか」と聞くと、中岡は大息して「佐賀藩まで来たが、西郷は、これからさきはどうしても馬関(下関)の方へ来ようということを承知しない」といったという。

こうしていったん会談は流れたものの、薩摩の黒田清隆が下関へ入り、桂に京での西郷との会談を求めた。桂はこの申し出に応じ、幕府側の探索の目を逃れて上京する。慶応二年の年明けを船中で迎えた桂は、一月八日までに京の薩摩藩邸に入り、その後、薩摩藩の重臣小松帯刀《たてわき》邸へと移る。

ところが、同盟の締結は二十一日。後年の桂の回想録によると、二週間以上の間、歓待されつつ、実質的な話し合いは一向に進まず、業を煮やして桂は帰ろうとした。そのとき、所用をすませた坂本が交渉の経過を確認しようと、桂を訪ねて来た。桂は、薩摩に煮え湯を飲まされてきた長州人としては「みずから（先に薩摩へ）助援を乞う」ことはできないと坂本に訴えた。すると彼の苦しい胸の内を察した坂本は「余（桂）の動かざるを悟り、また敢えて責めず」という同情を示したと、桂がのちに述懐している。かくして坂本が西郷を説き伏せて同盟は成立する。

以上の流れからは、二週間以上もの間、桂を接待漬けにし、薩摩はなぜ具体的な話し合いを避けてきたのかという疑問が残る。黒田を長州に派遣し、桂をわざわざ京へ呼び出したのが薩摩であるにもかかわらずだ。

寺田屋事件の項でも書いたが、西郷らの藩士と国父《こくふ》の島津久光との間にはかなりの温度差があった。そこに謎を解く鍵があると考えている。そもそも西郷は元治元年（一八六四）十二月、幕府の征長軍参謀として長州藩士と会談し、幕府軍を広島の本営から撤兵させている（対帆楼会談＝前項参照）。このときすでに薩摩の西郷らと長州の攘夷派は互いに手を携えるという方向性を見出していたといえよう。西郷としても、長州が潰れたら次のターゲットが薩摩になるのはわかっている。したがって長州と協力する利点はある。だからこそ黒田を長州へ派遣して桂を京まで呼び出したのだ。しかし、久光はあくまで公武合体の立場をとっている。西郷らの意見がどうあれ、最終的に久光の同意がないと話は先に進まない。それどころか、薩摩藩内で西郷のような幕府強硬派は少数派だった。京に桂を呼んでみたものの、久光からは、くれぐれも暴走しないように釘を刺されていたのだ。

そこで西郷が幕府の最後通牒（長州処分案）を拒もうとする桂に「今日まずこれ（最後通牒）を忍べ」（『経幹公御周旋記』）、つまり、いったん幕府の処分に服し、時機が来たら「ともに嘆願いたしたき」（『同』）といって説得した。幕府は西郷の意見を容れて征長軍を撤兵させたが、長州には蛤御門の変で朝廷に弓引いた罰を与えねばならず、ここでいう「処分」はその内容を指していた（一〇万石削地・藩主父子の蟄居などが決まる）。

しかし、そうはいわれても、幕府からのみならず、「朝敵」の汚名まで着せられた長州としては、そんな悠長なことはいってはいられない。しかも、幕府強硬派（正義派）主導の政府が誕生している長州には、幕府による長州再征討の危機が迫っていた。桂は処分案を受け入れろという西郷の申し出を拒み続け、その堂々巡りを繰り返していたのである。薩摩と前向きな話をするつもりで上洛した桂にとって、それはまさに「歓待されつつ、実質的な話し合いは一向に進まなかった」という状況に等しかったのである。むろん、西郷にもそんな桂の悲痛な心の声はわかっているが、久光の許しがないとどうしようもない。結果、話し合いは合意に至らず、西郷らがとりあえず坂本や桂の顔を立て、譲歩する形で同盟内容について口約束した。口約束だから、守らなくてもあとで言い逃れはできる。だからこそ、京から大坂までもどった桂は不安に駆られ、長州へ帰る船便を待つ間に、桂自身が口約束した条項を書き上げ、それを代理人の坂本へ送り、会談の陪席人として裏書を求めた。よって、この慶応二年一月の「西郷・桂会談」で薩長同盟が成立したという解釈は正確ではない。

そもそも、薩長両藩はこの会談の半年前の慶応元年九月八日、長州藩主父子（毛利敬親《たかちか》・定広）が薩摩藩主父子（久光・茂久《もちひさ》）に親書を送り、事実上、同盟関係にあった。つまり、両藩トップはすでに水面下で手を繋いでおり、両藩の高級官僚というべき西郷と桂が、薩摩・長州それぞれの代理人である坂本・中岡の周旋で、幕府がおこなおうとしている長州処分と長州再征討への対応を協議しようとした実務的な会談――それこそが、通説が歴史的快挙と讃える「西郷・桂会談」の真相だったのだ。

ここで薩長同盟の流れをいまいちど整理しておくと、元治元年十二月の対帆楼会談が薩長両藩接近の契機となり、翌慶応元年九月に両藩のトップが同盟で合意。両藩の高級官僚が翌年の慶応二年一月に話し合い、一気に同盟関係が進展した――という流れになるだろうか。

一九のミステリー

「攘夷のはじまり」と「攘夷のおわり」とは?

辞書をひもとくと、「攘夷論」について「幕末における西洋列強の接近に対応し、海防論の一環として発生展開した思想」という説明がなされている。ということは、嘉永六年（一八五三）のペリー来航をもって「攘夷のはじまり」となりそうだが、「破約攘夷」の考え方に立つと、安政五年（一八五八）六月十九日に、幕府が朝廷の許可なく日米通商修好条約を締結してから攘夷がはじまるとみてよさそうだ。

まずは、そのあたりから話をはじめたい。文久二年（一八六二）、江戸から上京して朝廷工作を進める長州藩士の桂小五郎（のちの木戸孝允《たかよし》）は、朝廷の議奏（天皇へ上奏する役目の公卿）から、近く発せられる勅書の内容を明かされ、愕然とする。そこに「即今《そっこん》攘夷（完全攘夷）」の四文字があったからだ。朝廷は、ペリー来航以前の状態にもどせといっているのだ。桂は「しからざれば天下の危急知るべからざる」（『自叙』）、そんなことをしたらどうなるかわからないと危機感を抱き、勅書から「即今攘夷」の四文字を外させる。西洋列強との攘夷戦争（下関戦争）を指揮した長州の過激攘夷派久坂玄瑞《くさかげんずい》でさえ、和親条約の内容までは認めていた。つまり、長州藩が声高に叫んでいた攘夷、それは違勅のまま諸外国と締結された修好通商条約を破却することと（破約攘夷）にあったのだ。もちろん、列強諸国がやすやすと条約破棄に応じるとは思えず、その際には戦争も辞さずというのが破約攘夷の考え方。ところが長州が文久三年に下関で攘夷戦争を断行した際、その原則の先をゆき、戦争も辞さずどころか、外国船を打ち払い、先制攻撃を仕掛けている。ただし、その長州藩とて攘夷一辺倒でいこうとしていたわけではない。そのことは、桂が幕府の政治総裁職松平春嶽《しゅんがく》に「幕府においても速やかにその議（破約攘夷）を決せられたし。もっとも、いったん攘夷に決せられし上、さらに我より交わりを海外に結ぶべきは勿論なり」と述べていることからも窺える。攘夷決行後あらたに条約を結び直し、海外と交易するというのだ。では、長州を中心に沸騰した破約攘夷の動きはいつ終焉したのか。文久三年（一八六三）の八月十八日の政変は、長州や三条実美らの攘夷派公卿が彼らの過激な攘夷に反発する勢力によって失脚させられたクーデター事件だが、だからといってその後も破約攘夷のムードが霧消したわけではない。結論からいうと、慶応元年（一八六五）十月五日――この日をもって幕末史を突き動かしてきた攘夷が終わる。なぜそういいきれるのか。

日米通商修好条約をはじめ、列強諸国が日本とむすんだ条約には兵庫港の開港が含まれていたが、その開港期限は延期させられていた。天皇がいる京都の外港《げこう》ともいうべき兵庫の開港に朝廷が抵抗していたからだ。また、列強諸国は現行の条約が違勅である事実を知り、条約を実効的なものとするため、条約の勅許と兵庫開港を求め、慶応元年九月にイギリス・フランス・オランダの三ヶ国連合艦隊が兵庫沖に軍艦を終結させ、日本側に圧力をかけていた。こうなると、異人嫌いで知られる孝明天皇も勅許せざるをえなくなる。

破約攘夷はあくまで天皇が認めていない条約を破棄するための攘夷であり、天皇に認められてしまえば、攘夷をおこなう大義名分が失われる。むろん、その後も攘夷派による異人襲撃が続くものの、天皇が条約を認めた慶応元年十月五日をもって、政治運動としての攘夷は終わったといえる。しかもそれは、一時代を築いた「攘夷の時代」の終焉だけを意味するものではなかった。破約攘夷という思想の中には幕府の誤まちを正す体制批判的な思想が含まれており、「攘夷のおわり」によってその思想が剝き出しになってしまったからだ。こうして「攘夷のおわり」によって「倒幕」が次のキーワードとして登場することになる。

高杉晋作ら長州藩の正義派藩士のほか、西郷隆盛ら一部の薩摩藩士は幕府強硬派とされ、そもそも倒幕思想を孕んでいたといえるが、すぐに倒幕の時代はやって来ない。慶応三年（一八六七）五月に四侯会議（薩摩藩の島津久光・越前福井藩の松平春嶽前藩主・宇和島藩の伊達宗城《むねなり》前藩主・土佐藩の山内容堂前藩主）が招集され、兵庫港開港の勅許を優先しようとする十五代将軍徳川慶《よし》喜《のぶ》と長州藩の赦免を優先すべきだとする久光らが対立し、慶喜が朝廷から兵庫港開港の勅許をえると、久光らは、慶喜の力量に警戒感を覚えるようになる。

当時、「公議政体論」といって、公卿や諸大名・諸藩士らによる合議制で国家を運営しようという考え方が時代のキーワードになっていた（四候会議の招集も公議政体論に基づくもの）。慶喜は、徳川家が主導する形での公議政体を実現すべく、のちに大政奉還を実施する。幕府だけの力で日本が国際社会の荒波に乗り出すのは誰の目にも困難に思えていたからだ。よって、佐《さ》幕《ばく》（幕府を佐《たす》けるという意味）派と呼ばれる勢力も従わざるをえなかった。ただし、この思想の中には徳川家はあっても、すでに幕府の存在はない。新しい政体を生み出すには幕府を廃止するしかなく、大政奉還を求める勢力も基本、その意味では倒幕派といえる。

一方の薩長を中心とする幕府強硬派は武力挙兵を意図しており、幕府を討つという意味で「討幕派」と呼ぶべきなのだ。攘夷の季節が終わり、兵庫港開港問題が決着して以降、こうして武力倒幕（討幕）派と大政奉還派が二極化し、そこに諸藩の利害が絡み合う季節となる。しかしながら、西郷らの討幕派（小松帯刀《たてわき》・西郷・大久保利通が中心）はいまだ少数派であり、薩摩藩内でも西郷らの方針を危険視する藩士が多かった。そこに西郷らの苦悩があったのである。

二〇のミステリー

討幕か大政奉還か「薩長芸」になりそこなった芸州藩

西郷隆盛ら討幕派とは別に土佐藩らは大政奉還を意図していた。その両極を軸に、幕末もいよいよ大詰めを迎える。一時的に大政奉還派が勝利をおさめるものの、討幕派が王政復古のクーデター（これによって幕府は廃止され、幕府と徳川家を除く王政復古政権＝明治新政府が誕生した）で巻き返し、戊辰戦争を経て旧幕府勢力は瓦解する。最終的に討幕派が勝利し、「薩長」藩閥による明治新政府が誕生した。

ところが、そこにもう一藩、加わる予定だったことはあまり知られていないのではなかろうか。芸州（安芸）藩、広島浅野家である。

もともと豊臣恩顧の大名だったが、関ケ原の合戦で徳川方（東軍）につき、徳川家康の娘振《ふり》姫《ひめ》を正室とする浅野長晟《ながあきら》が安芸四二万石をたまわり、広島を城下とした。幕末には、長州藩に隣接する地理関係から、長州戦争の際、第一次出兵・第二次出兵とも広島城が幕府軍の本営となった。しかし、芸州藩は藩首脳部から一般藩士に至るまで隣国の長州藩に同情的だった。十四代将軍徳川家茂《いえもち》から全権委任された老中小笠原長行《ながみち》が第二次出兵のために広島入りして以降、芸州藩は長州を代弁する形で幕府と長州の間を周旋してまわったほどだ。それゆえ、幕府に睨まれ、藩の執政（辻将曹《まさとも》）が謹慎を命じられたこともある。広島城下でも長州人気は高く、城下の目安箱には「逆党小笠原壱岐守（長行のこと）ならびに同腹同志の首級討ち取り、神明正道に備え奉りたき一念発す」という投書まで投げこまれた。

やがて、朝廷による休戦命令が出され、第二次出兵が幕府軍の事実上の敗戦に終わったのち、薩長同盟に加わる形で薩摩・長州・芸州の三藩同盟が成立している。この同盟が動き出すのは、慶応三年（一八六七）九月になってから。九月十七日に薩摩の大久保利通が山口を秘かに訪ね、長州側と極秘に会談した翌日の十八日、大久保と入れ替わりにこんどは芸州藩内の討幕派である植田乙次郎《おとじろう》が山口入りして長州藩主父子に謁見し、長州藩士の桂小五郎（のちの木戸孝允）・広沢兵助らと会談している。両日にわたる三藩の話し合いの結果、三藩の間で協定が結ばれた。具体的な計画は次のようなものだった。

一　薩摩は鹿児島より軍艦二隻をもって藩兵を長州の軍港三田尻《みたじり》（防府市）へ送り、投錨させる。

二　芸長の両藩兵は、薩摩の兵が三田尻に着きしだい、芸州藩の御手洗《みたらい》（呉市）に会合し、出陣上京すること。

そして別件として、京都において一挙がなったら、時を見計らいつつ、「華城《かじょう》攻撃」することを申し合わせた。華城は繁華な土地を意味する言葉。よって、この三藩が京都制圧後、大坂を攻撃する計画だったことがわかる。

このころ、土佐に帰っていた坂本龍馬の耳にも三藩による討幕の話が入っている。ある土佐藩士が「御国許《くにもと》（土佐）へは過日、坂竜（坂本龍馬のこと）芸船（芸州藩の船）に乗り来たり。薩長芸あたり義挙の趣《おもむき》ほぼ承知いたし候」という手紙を残しているからだ。

ところが、事態は急変する。薩摩藩の討幕計画に齟齬が生じ（次のミステリー参照）、幕府の不意をつくことが不可能になったとして、芸州藩上層部が過激な藩兵上京論に躊躇した。長州はいまだ「朝敵」の立場にあるだけに思いは切実であった。そのため、長州藩士の品川弥二郎は「（芸州藩は）婦女子の申すような言葉ばかり吐き、まことに憤懣に堪《た》え申さず」という思いを吐露している。

その後、土佐藩が大政奉還を幕府に建白した三日後、芸州藩は十月六日に藩主浅野長訓《ながみち》の名で幕府に大政奉還の建白書を提出している。その一方、芸州藩は同時に討幕の道を捨ててはいなかった。十月八日には大久保（薩摩）・広沢（長州）・植田（芸州）の各藩士がのちに討幕の密勅に関係する公卿の中御門経之《なかみかどつねゆき》の邸につどい、あらためて討幕の決議をおこなっている。幕末の沸騰した情勢がクライマックスを迎えても、芸州藩は大政奉還と武力討幕という硬軟いずれもの策を取り、両天秤にかけているのだ。

こうして討幕の密勅は薩長両藩のみに下され、十二月九日に薩長が仕掛けた「王政復古のクーデター」の際にも芸州藩は事前にクーデターの内容を告げられなかった。結果、芸州藩は明治新政府の「薩長芸」という藩閥政治の枠組みから脱落した。

ただ、明治に編纂された『藝藩志』は、この二枚舌のような芸州藩の煮え切らない態度を次のように弁護している。

まず、土佐が進める大政奉還はただ幕府を温存させるためのものであって容認できるものではない。だから芸州藩としては正道を踏み、まず還政（大政奉還）を勧告し、幕府がこれに応じないときは兵力に訴え、政権返納を求める。つまり、大政奉還と討幕を同時に進めることが正道だというのだ。その意味では、大政奉還派の土佐藩も、討幕派の薩長両藩も正道からはずれているというのだ。正論である。しかし、その正論が許されないほど、時代は沸騰した気運の中にあったといえよう。

二のミステリー

「討幕の密勅」は苦し紛れの一手にすぎなかった？

土佐藩が大政奉還の建白書を十五代将軍徳川慶喜《よしのぶ》に建白したのと同じ慶応三年（一八六七）十月十三日、朝廷は薩摩藩の島津久光・茂久《もちひさ》父子に「賊臣慶喜を殄戮《てんりく》」すべしとの密勅を下した。いわゆる「討幕の密勅」である。翌日、慶喜は四〇藩の重臣を京都二条城に招集し、彼らに諮問した上で大政奉還の上表を朝廷に提出するが、その日、こんどは長州藩の毛利敬親《たかちか》・定広父子にも倒幕の密勅が下る。こうして大政奉還と討幕という政策が真っ向からぶつかり合いながらも、十五日、朝廷が慶喜の上表を受け入れて大政奉還が実現し、ギリギリのところで西郷隆盛や大久保利通らの討幕派は涙をのむことになった。まんまと大政奉還派にしてやられたのだ――といわれている。

しかし、西郷らの討幕派は別段、地団太踏んで悔しがったわけではない。大政奉還が実現するのは百も承知。それがわかっていて、彼らは討幕の密勅をえようとしたのである。なぜなのだろうか。その謎に迫ってみよう。

この年の五月二十四日、慶喜は粘りに粘り、朝廷から兵庫港開港の勅許をえた。開港そのものを認めた孝明天皇（前年暮れに薨去）も、京から近い兵庫港の開港だけには頑として首を縦に振らず、ゆえに朝廷が反対していたものだが、慶喜に押し切られた形となった。

その慶喜の強引な態度に危機感を募らせ、以降、西郷や大久保が討幕路線へ舵を切るというのが通説だ。それでは、薩摩藩主の実父である久光はどうか。当時、公儀政体論が政局を占うキーワードになっていた。諸侯（大名）と公卿はもとより、諸藩の藩士から優秀な人材を選び、彼らによって国政を議するという考え方だ。もともと公武合体派であった久光は、幕府の力が及ばない場合に限り、「尽力の覚悟にござ候」という考え方であり、幕政を優先し、もちろん、慶喜を諸侯会議の中心メンバーとして認めていた。そもそも慶喜は、久光の兄斉彬《なりあきら》らが将軍職に推し、久光自身、慶喜を将軍後継職に押し上げた（文久の改革）。よって慶喜と久光は蜜月でなければならない関係だったが、実際には、横浜鎖港問題などを巡って慶喜と久光が対立し、久光は慶喜に煮え湯を飲まされることもあった。とくに兵庫港開港問題で慶喜に押し切られると、久光は「切歯嘆息の至りにござ候」と不満を漏らしている。こうして久光は討幕姿勢を強めていったとされるが、それでもまだ西郷や大久保らとは温度差があった。また、慶応三年当時、久光は六月ごろから脚気《かっけ》を患い、「起居不快」だったとのちに記しており、健康不良が久光の精神とともに幕末クライマックス期の政局に影を落としていたといえる。小松帯刀《たてわき》や西郷・大久保ら京都薩摩藩邸の指導部にとっても、そこが難問だった。討幕ともなると国元の鹿児島から兵を大挙上洛させねばならないものの、ハードルはいまだ高かったのだ。

一方、同盟関係にある長州藩はいまだ「朝敵」の立場にあり、西郷らは土佐藩の武力に期待した。坂本龍馬とともに長崎から船で上洛した土佐藩の後藤象二郎《しょうじろう》が薩摩の京都藩邸指導部の討幕路線に警戒感を示し、六月二十二日、薩摩藩からは小松・西郷・大久保ら、土佐藩側からは福岡藤次・後藤・坂本らが会合し、「薩土盟約」に漕ぎつけた。後藤や坂本の狙いは、大政奉還の障害になりそうな薩摩を抱きこむことにあった。しかし、西郷らは抱きこまれたのではなかった。むしろ、西郷から長州藩士の品川弥二郎へ宛てた手紙によると、「渡りに船を得候心地」と考えていた。なぜなら、土佐藩の後藤は、大政奉還を幕府に迫るために土佐藩兵の出兵を主張していたからだ。西郷らは何より兵が欲しかった。ところが、土佐の山内容堂(前藩主)は「(大政奉還実現の)後ろ盾に兵を用ひ候事は、脅迫手段にて不本意千万なり」として出兵を拒み、結果、九月九日になって西郷らは土佐藩に、薩土盟約の破棄を告げた。

そのころ、西郷は長州藩士の柏村数馬《かしわむらかずま》へ、こんな計画を打ち明けている。まず、薩摩の在京兵力を三手に分けて一隊で御所を守り、残る二手に京都守護職の会津邸、京都所司代の桑名邸を襲撃させる。加えて、国元から呼び寄せた三〇〇〇の藩兵で大坂城を襲い、江戸周辺に滞在する藩兵に甲府城を接収させて幕府兵が西上するのを阻止するという。立派な討幕計画だ。ただし、討幕派というのは薩摩藩内ではいまだ少数派。むしろ、藩内では「(討幕を進めたら)長州藩の二の舞になる。薩摩藩の兵は強いが、ただちに兵糧切れとなり、皆殺しになるのは疑いない」という意見が大勢を占めていた。奈良原繁（生麦事件でイギリス人に斬りつけたのは彼だったという説もある＝「十のミステリー」参照）からは「西郷らが（自粛を）聞き入れなければ刺し殺すべきだ」という物騒な声まで飛び出している。

最終的に藩は西郷らの要求を聞きいれて鹿児島から藩兵を上洛させるが、それは、予想がつかない将来に備えるための措置であり、討幕軍ではないという触れこみだった。

この時点で西郷らは、もはや大政奉還の動きは止めようがないと自覚していた。したがって、この苦しい局面を打破しようと、西郷や大久保が討幕府の公卿岩倉具視《ともみ》と謀議をこらし、討幕の密勅に思い至ったのである。藩主父子に密勅が下れば、反対派の藩士らも同調せざるをえないと考えたのだ。密勅は即討幕へ踏み切るためのものではなく、あくまで藩内を固めるための秘策だったのである。その後、西郷らは王政復古のクーデターに成功して幕府を瓦解させ、旧幕府軍を戊辰戦争へ引きこむことに成功するが、大政奉還後、一挙に武力挙兵の動きが広まったのは時勢のなせる技としかいいようがない。

二二のミステリー

明治天皇も写ってる？「幕末群像写真」と肥前佐賀藩

一時、インターネットなどで「明治天皇が写っている」として話題になった「幕末志士群像写真」がある。

本書の表紙をめくった見開きページの写真をご覧いただきたい。明治天皇はともかく、計四六人の群像は上段左端の勝海舟から順に著名な武士を拾うと、後藤象二郎《しょうじろう》・江藤新平・品川弥二郎・伊藤博文・小松帯刀《たてわき》・大久保利通・西郷隆盛・西郷従道《つぐみち》・黒田清隆・森有禮《あきのり》・陸奥宗光・中岡慎太郎・大隈重信・岩倉具定《ともさだ》・高杉晋作・横井小楠《しょうなん》・大村益次郎《ますじろう》・桂小五郎（のちの木戸孝允《たかよし》）・岩倉具経《ともつね》・副島種臣《そえじまたねおみ》・坂本龍馬ほか——の順に並んでいるといわれている。慶応元年（一八六五）ごろ、長崎で写真館を開いていた上野彦馬のスタジオで撮影されたものだという。

まず結論からいうと写真はニセモノ。ただし、いま流行りの合成写真の類ではない。写真そのものはホンモノだ。いったいどういうことなのかご説明しよう。

この写真が流布されたのは明治二十八年（一八九五）。雑誌『太陽』（博文館）七月号に掲載されたのが初出だ。当時はむろん、写真を合成する技術はなく、したがって写真はホンモノだと

幕末の志士が一堂に会し、撮影されたといわれるまぼろしの写真

断言できる。問題は、写っている面々が本当に前述した人物であるかどうかだろう。この群像写真が、前述した志士たちだという話になったのは戦後、それも七〇年代に入ってからだ。ある肖像作家が特定し、学術雑誌に発表したのである。

群像の中には推定するしかない人物もいたが、西郷兄弟・大久保・小松・伊藤・中岡らについては本人であると断定している。また、このとき、慶応三年に殺害される中岡が写っていることから、慶応元年ごろの撮影とされた。肖像画のプロがそれなりの視点で断定したのだから、もしも事実だとしたら、西郷兄弟や伊藤・中岡が一堂に会していたことになり、かつ、〝歴史的な大発見〟であり、彼らがその際にどんなことを話したのか、興味は尽きない。

しかしながら、西郷・大久保や伊藤・中岡らが慶応元年という幕末も迫った多忙な時に、全員、それも同じ日に長崎で集まるというのは奇跡に近い。史料上確認できる話ではなく、著名な志士たちの群像写真であるという説は否定されている。では、どう理解したらいいのだろうか。

じつは、『フルベッキ書簡集』（新教出版社）という史料集のキャプション（写真説明）に「学生たちに囲まれたフルベッキ父子」と記されているのだ。同書では「撮影年月日が不明」となっているものの、その後、幕末ではなく、実際には維新後の明治元年（一八六八）ごろの撮影だという研究成果が発表されている。では、フルベッキというのはどんな人物なのだろう。

彼は、キリスト教（プロテスタント系）布教のために来日したオランダ系アメリカ人で、肥前佐賀藩が設立した致遠館《ちえん》の校長となった。致遠館では英語のみならず、政治・経済・理学なども教え、いまの大学の模範となった学校だ。当時の佐賀藩は、前藩主の鍋島斉正《なおまさ》（閑叟《かんそう》）によって、ひたすら産業や装備の近代化が図られていた。

ちなみに閑叟は、「討幕」もしくは「佐幕」、さらにはその中間派といえる「公武合体派」のいずれの政治思想とも距離を置き、姉婿の伊達宗城《むねなり》（宇和島前藩主）の日記に「閑老（閑叟のこと）二枚舌」と評され、イギリス公使の通訳官アーネスト・サトウにも「彼は日和見主義で、大の陰謀家」、「革命の瞬間までその去就がだれにもわからなかった」「二股膏薬《ふたまたごうやく》さん」などと陰口を叩かれていた。

したがって、討幕派からも疑念を抱かれたが、閑叟が育てた人材は、富国強兵を進める明治新政府になくてはならない存在となり、佐賀藩士らの技術はこぞって新政府に買われた。ある意味、佐賀藩が「薩長土肥」といわれる藩閥の一角に食いこめたのは、西洋の技術を積極的に取り入れた閑叟、さらにはそれを教えた致遠館校長フルベッキ博士の貢献であったといえよう。

そういう目で群像写真をみると、また、ちがった風景がみえてくるはずだ。まず写真ほぼ中央の外国人がフルベッキ博士。記事冒頭で挙げた志士らのうち、佐賀藩士で致遠館設立に関係した大隈重信の場合、立場が立場だけに写っていても不思議ではない。この大隈のほか、確実だと思われるのは、討幕の密勅に関与した岩倉具視《ともみ》の次男具定と三男具経の兄弟。二人は明治元年ごろ致遠館で学び、その岩倉兄弟と前述した大隈は、フルベッキの友人と面識があった。その友人の証言から、この三名の肖像と群像写真の中の三名は一致している。

志士群像ではなかったものの、この写真に写っている多くの者らがフルベッキ博士の薫陶を受けて新時代を動かした「英雄」たちであることはたしかであろう。

二三のミステリー

謎の「ええじゃないか」の民衆乱舞を読み解く鍵は「女性器」のかけ言葉？

慶応三年（一八六七）十月十四日、将軍徳川慶喜《よしのぶ》が天皇に「大政奉還」を上奏してしばらくたったころ、京の町に「天」から「御札《おふだ》」が降りはじめた。四条大宮で質屋を営む鍵屋長治郎という商人が、その詳細を日記に書き留めている。

「日々、四五軒ずつ天降《あまくだり》たまふ。右につき、市中町々、大踊致し居り候」

多い日には四〜五件のペースで御札が降り、それを待っていたかのように町の者が踊り狂ったという。その際の掛け声は「♪ええじゃないか、ええじゃないか」。太鼓や笛をかき鳴らし、男女の別なく粧《よそお》いを凝らして練り歩くケースもあり、この異常な現象が幕末史を彩った。

同年八月末には名古屋城下で同じ現象が起こり、現在確認できる「御札降り」の起源は七月半ば。三河国渥美郡牟呂《むろ》村（愛知県豊橋市）の神社付近に伊勢神宮の御札が降り、そこから東へ西へと、伝播したというのが通説だ。ただし、「ええじゃないか」の「ええ」は関西弁。名古屋の町人らが「ええじゃないか」と関西弁で狂喜乱舞するはずがない。実際には、記録に残る掛け声は上方でも「ゑいいじゃないか」や「ヨイジャナイカ」だが、後世、この現象を総称して「ええじゃないか」と呼ばれるようになった。この「ええじゃないか」騒動にも謎が多い。御札が天から勝手に降って来るはずはなく、誰かが意図的に仕組んだと考えられるが、「誰が」「何のために」「どうやって」そんなことをしたのか検証してみよう。

鍵屋長治郎の日記（前出）によると、御札の種類は伊勢神宮をはじめ、八幡宮や春日大明神、金比羅大権現など雑多。牟呂村（前出）の例では、煤けた御札もあったという。現代でもそうだが、神社の御札は「家内安全」のため、台所に張ることが多い。台所に張った御札が煤けてしまうこともあるだろう。

つまり、何者かが自分の家にあった御札を撒いた事実が窺える。長治郎の日記を読むと、「昨（十月）二十八日夜四ツ時すぎ（午後十時すぎ）、不動明王御札、丹半（丹波屋半兵衛）表軒先へ天降」とあり、当時としては夜中といっていい時間に、丹波屋半兵衛方の軒先に御札が降ったという。明らかに人が出歩かない夜中に何者かが家の軒先に御札を撒き、いかにも天から降ってきたように装ったのだ。

次に、誰が「御札降り」を仕掛けたのだろうか。じつはそれまでにも周期的になんどか御札が降っていた。それを「おかげ参り」という。「御札降り」を契機に、奉公先などから民衆が大挙して伊勢神宮へ参拝する現象のことである。伊勢神宮参詣の勧誘活動をおこなう「御師《おんし》」（下級神職）らが神宮参拝を促すために各地で周期的に御札を撒いたという説がある。しかし、幕末の慶応三年当時、とくに伊勢神宮への参詣者が増えたという記録はなく、彼らが仕掛人とは考えにくい。

一方、討幕派が混乱を引き起こすために仕掛けた陰謀だったという説もある。これは維新後、大隈重信らによって投げかけられた疑惑であった。実際に、討幕の密勅に関与した岩倉具視《ともみ》の怪しげな動きが「ええじゃないか」の喧騒にかき消され、幕府や会津・桑名藩の密偵の目を欺くことができたと『岩倉公実記』は語っている。しかし、このほかに岩倉を仕掛人とする具体的な証拠があるわけではない。一見、組織的におこなわれたとみられがちだが、「御札降り」の事例をみていると、そうとはいえない事情が浮かび上がってくる。

長治郎の日記でも、前述した丹波屋半平衛のほか、「船屋五百平」方の軒先、「柏屋佐平衛」方の裏、そして、長治郎自身の家にも御札が撒かれた。彼自身も質屋を営んでおり、御札が撒かれるのは、屋号のある商家や富裕層の家々が多かった。そして「御札降り」の名誉に預かった商家は、有り難がって神仏の前に祝酒などを供え、「えいじゃないか」と乱舞しながら練り歩く民衆にも酒や供え物が振る舞われた。長治郎によると、その際、ご公儀《こうぎ》から「土足にて上へ昇り候儀は決して相ならず」という御触れが出されていたという。そこから、練り歩く群衆が土足で商家などに上がり、振る舞いを強要していた事情が垣間見える。名古屋城下では松坂屋（百貨店）の前身である「いとう呉服店」に頻繁に御札が撒かれている。振る舞い目当てに、狂喜乱舞する民衆らが商家に札を撒いていた実態がみえてくる。

しかし、民衆がそういう行動へと出るには何か契機となる事柄があったはずだ。御札こそ登場してこないが、慶応三年六月末ごろ、すでに大坂で「開門《ヲメコ》（「開港」と「女性器」を掛けた隠語）へ紙はれ、やぶれたらまたはれ、ゑいじヤないか」と、民衆が乱舞している。この乱舞は五月末に幕府が長州再々征討（第三次出兵）の中止を決定したことに起因するという説が有力。関ヶ原の合戦の際、大坂城を預かった西軍総大将が毛利輝元で、上方はもともと長州藩（毛利家）贔屓《びいき》な土地柄だが、それに加えて、内戦中止によって米価などの物価高騰がやみ、庶民の暮らしが楽になる兆しを見せはじめたことへの祝祭の意味があるといわれる。

そのうち誰かが「おかげ参り」を真似て御札を降らせると、振る舞い目当てに民衆が次々と御札を撒き、それが各地へ伝播していったのだろう。富裕層にしても、打ちこわしの被害に遭うよりはまだ、彼らに振る舞ったほうがましだという意識があったのかもしれない。

二四のミステリー

大政奉還で江戸時代が終わる！それでも「幕府一筋」を貫く「彦根藩」

幕府が朝廷に大政奉還して江戸時代は終わる。のちに戊辰戦争が勃発し、明治新政府軍と旧幕府勢力が内戦を繰り広げることになるが、全国三〇〇藩といわれる大半が明治新政府支持を打ち出した。その中で会津藩や奥羽北越の諸藩が新政府に恭順せず、とくに会津藩はその悲劇性もあって、後世の歴史ファンの涙を誘ってきた。

かたや、藩主井伊直弼《なおすけ》が幕府の大老となり、一時、幕府の中枢を担った彦根藩は、戊辰戦争を前に新政府軍支持を打ち出し、場合によっては裏切者呼ばわりされることもある。ここでは、そういう見方とは逆に、幕府と徳川家のために尽くした彦根藩の実像を浮き彫りにしてみたい。

彦根藩の幕末史はたいてい、桜田門外の変で大老井伊直弼が討ち取られたところで終わる。しかし、そこから彦根藩の長い苦節の時がはじまるのだ。

いったん歴史の針を「文久の改革」のころに戻したい。文久二年（一八六二）六月、薩摩藩の国父《こくふ》島津久光に守られた勅使大原重徳《しげとみ》が江戸へ入り、朝廷の権威をフルに使い、幕府へ改革の実行を促した。これによって井伊大老の政治が完全に否定され、当時、直弼の跡を継いで彦根藩主となった井伊直憲《なおのり》は、直弼時代の藩政指導者を処分せざるをえなくなった。彦根藩は幕府に京都守護の任を解かれ、代わって会津藩が京都守護職に就いた。彦根藩は新体制の幕府に恭順を貫いたものの、同年十一月、直弼の政治責任が問われて一〇万石の上知が命じられた。これで藩祖井伊直孝（徳川四天王・井伊直政の次男）の時代に三〇万石あった石高は二〇万石へ減知となる。

そもそも井伊大老が断行した「安政の大獄」も、幕藩体制の秩序を乱した水戸藩や薩摩藩の首謀者らを処罰するところからはじまったもの。いわば幕府と徳川家のために大ナタをふるったといえる。

また、「御深密之御趣意《ごしんみつのごしゅい》」といって、彦根藩内では、徳川家康から京都を守護すべく彦根城を拝領したと自認している。京で異常事態が起きたら、天皇を彦根に動座させることも井伊家に与えられた御深密の命だとされる。

そんな彦根藩主（直弼）にとって、幕府の対応を非難する密勅（戊午の密勅）が徳川宗家の頭越しに水戸藩へ下されたことはまさに異常事態であって、彼には神君家康公の遺命を全うできなかったという悔悟の念が強かったのだろう。

ところが、その後、幕府は「直弼一件」という理由で彦根藩を厳しく処罰したのである。大獄の当事者責任が問われたわけで、いわゆるトカゲの尻尾切りだ。

それでも彦根藩は、蛤御門の変が勃発すると、藩兵は堺町御門（御所南側）で長州藩と戦って退け、長州戦争では先鋒を願い出ている。

そして、慶応三年（一八六七）十月十四日、幕府が朝廷に大政を奉還した後のことだ。彦根藩は新政府に「（井伊家は）徳川家の取り立てをもって藩屏《はんぺい》の任にそなわり居り候。私家《しか》の儀につき（中略）向後も幕府より執達《しったつ》これあり候」と嘆願をおこなっている。大政が朝廷へ返上された後であったにもかかわらず、「井伊家は徳川家に取り立てられた家。よって私事ながら、今後も幕府の命に従って行動することをお許しください」といっているのだ。

このあたり、涙ぐましいまでに徳川二五〇年の恩に報いようとする彦根藩の心情が垣間みえる。やがて、新政府内の討幕派は、徳川家主導の政治運営となることを嫌い、十二月九日、幕府の廃止を決定する（王政復古のクーデター）。同時に討幕派は彦根藩を敵軍とみなし、クーデター当日、彦根藩が反乱したら、京の彦根藩邸を接収する計画になっていた。だが、さすがの彦根藩も幕府がなくなった以上どうしようもない。十二月二十日以降、新政府支持を打ち出した。

このころ岩倉具視《ともみ》が薩摩藩の大久保利通に宛てた手紙によると、「それ（彦根藩の新政府支持）が虚説であっても、同藩（彦根藩）の勤王を宣伝し、新政府に登用すれば、他に影響を与え、後悔謝罪の者も追々でてくる」とある。新政府は、生っ粋の佐幕《さばく》藩であるはずの彦根藩が寝返ったと吹聴することによって、日和見に走っている諸藩が追随するとみて、彦根藩の寝返りを可能な限り宣伝したのだ。その意味でいうと、彦根藩が新政府支持を打ち出した影響は大きく、やはり、徳川家を見捨てた恩知らずということになるのかもしれない。ただし、彦根という立地が北越や東北諸藩とは決定的にちがっていることも考慮しなければならない。

明けて慶応四年正月に旧幕府軍と新政府軍が衝突すると、彦根藩は「東山道先鋒鎮撫軍」（中山道を進む江戸鎮撫軍）に組みこまれ、その先手を命じられる。

徳川家の「譜代先手」であった彦根藩が、その徳川家を攻める軍の先鋒を命じられたのだから、これほどの「歴史の皮肉」はなかろう。だが、大垣で軍議がおこなわれ、彦根藩は結果、「後軍」となり、皮肉な役割を演じさせられるのをかろうじて免れたのである。

二五のミステリー

一発逆転の可能性があった「鳥羽伏見」の戦い

慶応三年（一八六七）十二月九日、京に駐留する五藩（薩摩・土佐・安芸・越前・尾張）の藩兵が御所の九門（禁門）を固め、徳川慶喜《よしのぶ》の参内を阻止するなか、新政府と新体制が正式に樹立された。幕府が大政を朝廷に返上したといっても、慶喜が新政権の中心にいて幕府の官僚組織がそのまま機能していたら、看板をかけ替えたに過ぎなくなる。そのことに薩摩藩などの討幕派は警戒感を強めていた。慶喜不在のまま小御所で会議がおこなわれ、のちに王政復古のクーデターと呼ばれる、この事件によって幕府の廃止や慶喜の内大臣辞任および幕府領の返納が決定した。五藩には温度差があり、尾張や越前、土佐は幕府に同情的だったが、薩摩に押し切られた（ただし、薩長は土佐藩の兵力に期待してクーデターの内容を事前に告げており、維新後、土佐藩は藩閥勢力の一角に食いこんだ）。ちなみに、このとき長州藩が朝敵の汚名を晴らし、打出兵（芦屋市）に上陸して西宮に進駐していた長州藩兵の入京が認められている。

慶喜は朝敵になることを恐れて恭順の姿勢をみせ、十二日には、旗本や会津・桑名藩兵を連れて二条城（京都）から大坂城へ撤退した。しかし、旧幕臣らの不満は鬱積し、やがて、江戸で庄内藩（徳川譜代の酒井家）の藩士らによる薩摩藩邸焼き打ち事件が起こり、新政府側と旧幕府側の緊張は高まっていった。旧幕府側は不利な情勢を巻き返そうと、クーデターを含む策略のすべては「松平修理大夫（薩摩藩主・島津茂久）奸臣共」らの「陰謀」であり、彼らは「皇国」を乱す存在だから、「御引き渡し御座候」と、朝廷に訴え出ようとした。

こうして明けて慶応四年。のちに明治と改元される正月二日の朝、「討薩」を掲げる旧幕府軍は「皇国」の「奸臣」である薩摩藩主の身柄引き渡しを求めて大坂から京へ進軍を開始する。つまり、進軍の目的はあくまで奸臣退治のためであって、朝廷に逆らうわけではないというのだ。三日の夕方、淀と京をむすぶ鳥羽街道の小枝橋付近（京都市）まで進軍した旧幕府軍は、そこを守る新政府軍の砲声によって矛を交えることになる。同じころ伏見市街でも、京から進軍した薩摩兵が陣する御香宮《ごこうのみや》神社、新撰組らが籠る伏見奉行所などとの間で戦端が開かれた。

このとき新政府軍の兵力は、薩摩軍を主力とする五〇〇〇。一方の旧幕府軍は、会津・桑名の両藩兵などを中心に一万五〇〇〇の兵力を擁していた。ところが、三倍の兵力をもつ旧幕府軍が大敗する。「錦旗《きんき》」（いわゆる錦の御旗）が戦場に登場したことにより、賊軍となった旧幕府軍の戦意喪失が敗北の理由とされているが、実際には、宮中に「開戦せり」との情報が達するや、公卿らは「皆色を失へり」というほど慌てふためき、主戦派の西郷隆盛と大久保利通の顔を見かけるや、「蛇蝎《だかつ》のごとく近づくものなかりし」という状況だったという。

朝廷は薩長に討幕の密勅を下したものの、旧幕府軍が鳥羽街道と伏見で新政府軍を敗り、彼らが予定どおり「皇国」の「奸臣」である薩摩藩主の身柄引き渡しを求めて入京してきたら、もしかすると旧幕府軍に「錦旗」が下されたかもしれない。兵力的にいっても旧幕府軍には一発逆転のチャンスが十分にあった。また、薩長側の装備に比べ、旧幕府軍の装備が旧式だったともいわれるが、それよりも、旧幕府軍が敗れたのには、より明確な理由がある。従軍した兵士が残した手記からそのことが窺える。

三日の午後、鳥羽街道の小枝橋付近で両軍が衝突する前、こんな押し問答があったという。まず、新政府軍は「朝命」がない以上、旧幕兵を通せないと主張し、確認するからといって旧幕府軍を足止めする。しかし、いくら待っても新政府側から連絡はない。やがて日は西に沈みかけ、「この上は押して通るほかない」と旧幕府軍側が新政府軍に最後通告を発して、ふたたび進軍を開始した。すると、新政府側は「手切れ、手切れ」と呼ばわり、ラッパの合図とともにまず小銃が火を噴いた。そして、新政府軍の陣地に据えた大砲が砲撃を開始するのである。このように新政府軍は「手切れ」になることを予期し、いつでも戦える準備をしていたことがわかる。一方、旧幕府軍の歩兵は小銃に弾を装填していなかったという。

旧幕府軍は、あくまで慶喜の先触れとして入京を優先しており、戦意がなかったからだ。また、まさか新政府軍側が戦いを挑んでくるとは思いもよらなかったのだろう。その意味では油断していた。しかし、鳥羽街道、伏見それぞれの戦いで旧幕府軍が敗れたといっても、まだまだ巻き返すチャンスはあった。その淡い期待を裏切ったのは、津藩（藤堂家）の裏切りだった。

旧幕府軍は鳥羽街道南の八幡《やわた》にあった橋本関門（砲台）で新政府軍の攻勢をしのぐことになった。その橋本関門は淀川左岸にあり、藤堂藩が守る山崎関門（山崎の古戦場）とは淀川を挟んだ対岸に位置している。本来なら、そこから橋本砲台を攻める新政府軍に砲弾が降り注ぐ予定だった。にもかかわらず、五日の夜、砲台を預かる藤堂藩重役・藤堂元施《もとひろ》は、山崎に勅使の来訪を受け、新政府軍への寝返りを決意し、翌六日の正午ごろ、山崎砲台から一斉に対岸の橋本関門へ〝裏切りの砲弾〟を炸裂させたのである。薩摩の西郷は当初、八幡の旧幕府軍を強敵とみなし、「難戦」を覚悟していただけに、大久保が「藤堂勢官軍に属し、前面より砲発に及び、ついに散々に討ちなされ敗北す」と、藩の重役に手紙を送っているとおり、あっさり片がついた。油断と裏切り――この二つの理由で大逆転劇は起きなかったといえよう。

二六のミステリー

「江戸城無血開城」を実現させたのは西郷隆盛でも勝海舟でもなかった？

西郷隆盛は幕末維新史の要所でめざましい活躍をみせている。

まず、幕末争乱の幕があいたころ、将軍継嗣問題や戊午《ぼご》の密勅降下にかかわった。当時すでに志士の間に「西郷吉之助（配流ののち大島吉之助）」の名が広まり、蛤御門の変では長州藩兵を追い散らし、その功績もあって幕府の征長軍参謀に抜擢された。

そのころ薩摩藩は「防長二州（長州藩）は半国をもって禁裏（朝廷）の御物成《ものなり》とし、半は征討の諸侯へ下されべし」、つまり、長州藩領を没収して半分を朝廷に、残る半分を征討軍に加わった諸藩で分割しようと建議していたが、西郷は逆に、征長軍参謀として下関で長州藩士と会い、幕府軍を撤兵させている。その後、西郷は、長州藩の桂小五郎（のちの木戸孝允《たかよし》）との高級官僚同士の協議で長州藩との関係を深め、「薩長」という討幕勢力を作りあげる。

しかし、彼の最大の功績は、江戸の市街を戦渦に巻きこまず、幕臣勝海舟との話し合いで江戸城を無血開城させたことだろう。いまでも、都営地下鉄「三田」駅とJR東日本「田町」駅のすぐそばに「江戸開城会見之地の記念碑」が建ち、西郷と勝の名が刻まれている。ところが、

「江戸城無血開城」という輝かしい事績が西郷によるものでなかったとしたら……。

慶応四年（一八六八）二月、新政府軍は有栖川宮熾仁親王《ありすがわのみやたるひと》を征東大総督に任じ、東海道と東山道（中山道）から旧幕府の本拠地江戸へ進軍を開始する。朝廷から前将軍徳川慶喜《よしのぶ》の追討令が発せられていたからだ。三月になると征東軍の先鋒が江戸に迫り、江戸城総攻撃の期日が三月十五日に定まった。

軍事取扱という旧幕府軍の軍事一切を掌握していた勝海舟は、新政府軍との交渉のために山岡鉄太郎（鉄舟）という旧幕臣を派遣することにした。

山岡は、旧幕府軍に捕らわれていた知人の薩摩藩士をともない、駿府まで来ていた新政府軍本営へ向かった。「六郷河《ろくごう》（多摩川）」を越えると新政府軍ばかりだったが、彼はその陣の中央を「朝敵徳川慶喜が家来」といって堂々とまかり通ったという。本営では総督府参謀の西郷と会談した。山岡は西郷に意を尽くして旧幕府側の主張を述べたあと、新政府軍の陣を突破した罪を詫びて「早く縛（捕縛）すべし」といった。すると、西郷も山岡の人柄に魅かれたらしく、「まず酒を酌《く》まん」といって歓待したという。

山岡が駿府で西郷と会談するまで、旧幕府の使者が何人も駿府へいったものの、門前払い。勝は、一時は江戸を焦土と化して新政府軍と全面戦争に至ることもやむなしと思っていただけに、山岡が新政府側との交渉窓口をこじ開けたことに「ひとり山岡氏ゆくにあたって、（旧幕府側の主張が）総督府に達し」と自らの日記で感嘆し、「（山岡の）帰府後、諸官驚懼《きょうく》」したと、沸き立つ江戸城内の空気を伝えている。

十二日に江戸城へ帰って来た山岡からは、新政府軍の降伏条件が示された。それは、江戸城明け渡しとともに、

①慶喜（前将軍）の身柄を新政府側に預けること。

②幕府の軍艦・兵器すべてを渡すこと。

などであった。いわゆる無条件降伏要求だ。

このとき旧幕府側は「恭順」の姿勢をみせていたものの、一日には新撰組に「甲州鎮撫隊」の名を与え、甲府へ進軍させている。江戸から新撰組を厄介払いしたというのが通説だが、新政府軍からは、みせかけの恭順にしか思えず、無条件降伏を求めるのは当然のことだった。

ちなみに、西郷が勝と会ったのは、高輪の薩摩藩下屋敷（現在のグランドプリンスホテル高輪・新高輪）でおこなわれた三月十三日の会見が二回目だったという。元治元年（一八六四）、長州藩への征討軍参謀に任じられた西郷がその年の九月十一日、大坂で勝に会い、大久保利通に宛てた手紙で、「底知れぬ英雄肌合の人」と勝を称賛している。それから三年半ぶりに両雄が会見したことになる。

十三日の会見を終え、幕府首脳の回答をもって翌日（十四日）、ふたたび会見がおこなわれた。

場所は高輪の薩摩藩下屋敷から蔵屋敷（港区三田）へ変わった。両雄が会うのはこれで都合、三回目。このとき幕府首脳の意見にもとづき、勝は新政府へ大幅譲歩を求めた。ところが、西郷はあっさり、

「委細承知した。しかしながら、これは拙者の一存にも計らひ難いから、今より総督府へ出掛けて相談した上で、なにぶんの返答を致そう。が、それまでのところ、ともかくも明日の進撃だけは、中止させておきましょう」

といったのだ。旧幕府側の要求を飲むというのだ。

西郷はすぐさま駿府の大総督府本営へもどり、①慶喜は出身地の水戸で謹慎②軍艦・銃砲は引き渡したのち、相当分を差し返す――ことなどに決定。四月十一日に江戸城は無血開城となった。

西郷とともに江戸城無血開城を実現させたといわれる勝海舟だったが……

しかも、以上の講和内容に反して、旧幕府軍の軍艦七隻は海軍副総裁の榎本武揚《えのもとたけあき》が率いて脱走し、銃砲の多くも脱走者に持ち去られて、ほとんど新政府軍に引き渡されなかった。旧幕府は新政府側との約束を反故にしているのである。その後、勝が奔走し、榎本脱走艦隊の半分を品川沖まで引きもどしたが、最新鋭の「開陽丸」ほかの艦船は引き続き、榎本が

江戸無血開城をもたらしたのはイギリス公使パークスとの説も

持ち続け、それがのちの箱館戦争へと繫がっていく。当初、強行に無条件降伏を求めていた新政府が腰砕けになった印象がある。なぜなのだろうか。

　このころ旧幕府方にあった静寛院宮《せいかんいんのみや》（皇女和宮）と薩摩出身の天璋院《てんしょういん》（篤姫）が新政府側に嘆願したからという説もある。たしかに、天璋院の嘆願が西郷の心理に何らかの影響を与えた可能性はあるものの、彼女たちの嘆願が方針転換の理由になったとする史料はない。じつは、意外なところから助け船が出ていたのだ。イギリス公使のパークスである。

　三月十三日、大総督府から横浜に派遣された参謀木梨精一郎（長州藩）がパークスに面会していた。江戸城攻撃に備えて傷病兵の手当てなどで協力を求めるためであった。

　ところが、その際、木梨はパークスから、恭順する慶喜を討つのは「万国公法」に違反するとして、寛大な処置を強く求められたのである。パークスは内乱激化による貿易上の損害を懸念したのだ。新政府としても、バックアップしてもらっているイギリスの意向には逆らえない。そこで新政府軍内の態度が急激に軟化し、それが翌十四日の「西郷・勝」会談の内容に繫がった可能性がある。たしかに、新政府側がイギリスからの圧力を受けて、態度を軟化させたように思える。

だとすると、「江戸城無血開城」へと導いたのは、勝でも西郷でもなく、イギリス公使のパークスということになるのかもしれない。

ただし、木梨がパークスと会った日付を十四日とする説もあり、だとしたら、その日におこなわれた「西郷・勝」会談の結果はイギリスの意向とは無関係となる。

このあたり、どちらともいえないが、仮に「十四日説」をとったとしても、幕府強硬論者だった西郷が一転して幕府への態度を軟化させたのは事実なのだから、そこには、何らかの形でイギリスの意図が入りこんでいた可能性がある。これを「パークスの恫喝」という。ここでも通説を見直してみる必要がありそうだ。

二七のミステリー

小栗忠順が予言していた「西南戦争」と「徳川埋蔵金」

小栗上野介忠順《おぐりこうずけのすけただまさ》が日々綴った『小栗日記』を読むと、幕府の勘定奉行だった彼が罷免されて以降、にわかにその周辺が騒がしくなる。

勘定奉行という要職にあった者がクビになったら、身辺が穏やかになり、邸も閑古鳥が鳴くがごとく人の出入りが絶えるのがふつうではなかろうか。ところが、小栗の場合は逆の現象が起きている。罷免の翌々日には、幕府陸軍幹部の大鳥圭介らが小栗の邸を訪ねている。どのような内容の話が語られたかは不明だが、不審といえば不審である。

話は、江戸城が無血開城される三カ月ほど前にさかのぼる。

旧幕府軍が鳥羽伏見の戦いで大敗すると、徳川慶喜《よしのぶ》は慶応四年（一八六八）正月十二日、新政府に恭順の意を示し、幕府軍の本営だった大坂から江戸へ帰ってきた。そのとき小栗は日記に、大敗したにもかかわらず、「御機嫌よく還御《かんぎょ》遊ばされ候」と、慶喜を皮肉っている。これで小栗が恭順に反対だったことがわかる。いや、反対どころか、彼はバリバリの抗戦派だった。

小栗には東海道を下ってくる新政府軍を迎撃するプランがあった。まず、新政府軍が狭隘な

新政府側もその優秀さを認めていた小栗上野介が徳川再起をかけたのが埋蔵金だった!?

箱根山中に入ったところを見計らい、迎え撃つ幕府の陸軍が山中で新政府軍の先鋒に攻撃を仕掛ける。同時に幕府艦隊を駿河湾へ進めておき、新政府軍の後続部隊を砲撃し、先鋒部隊を山中で孤立させて壊滅するというプランだった。実行されていたら、新政府軍の被害は甚大になったであろう。

その小栗は、安政七年（一八六〇）に目付（監察）として幕府の遣欧使節団に参加していることでもわかるとおり、大変な経済通であり、現在の財務大臣に匹敵する勘定奉行には計四回も就いている。

また、勝海舟をはじめとする幕閣の反対を押し切り、小栗はわが国初の造船所建設を推し進めた。幕閣が造船所建設に反対した最大の理由は、莫大な予算がかかること。ある幕臣が「費用をかけて造船所を造っても、できあがるころには幕府がどうなっているかわからない」といったところ、小栗が次のように返答したと、明治に創立された旧幕臣の会（「同方会」）の会報に掲載されている。小栗いわく、「幕府の運命に限りがあるとも、日本の運命に限りはない。

幕府のしたことが長く日本のためとなって、徳川のした仕事が成功したのだと後にいわれれば、徳川の名誉ではないか。国の利益ではないか」――と。

切れ者かつ、なかなかの人物であったようだ。

新政府軍側も小栗の優秀さはよくわかっていたし、ひたすら恭順する慶喜にとって小栗は邪魔な存在となる。だからこそ罷免されたわけだが、前述したように大鳥らと何やら鳩首したのち、正月二十八日、小栗は知行所の上野国（上州）群馬郡権田村《ごんたむら》（高崎市）へ土着する旨の願書を幕府に提出し、翌二十九日に認められる。幕臣は江戸暮らしが原則だが、知行所で暮らすことが認められたのだ。

じつは、小栗家の地行所は全部で十二ヵ村あり、下野国足利郡高橋村（栃木県佐野市）が一三四五石余と最大だった。権田村は高橋村より一〇〇〇石ほど知行高が少ない。なぜ小栗は高橋村を選ばなかったのだろうか。それは権田村が上州にあったからだろう。いまなお上州赤城山の山麓のどこかに「徳川埋蔵金」が眠っているとされ、歴史ファンのロマンをかきたてている。

江戸城無血開城の条件に軍艦や銃砲類の引き渡しが含まれていたが、この約束は事実上反故にされた。小栗と鳩首していた大鳥も伝習隊（幕府精鋭の西洋式歩兵部隊）を率いて江戸を脱走し、会津戊辰戦争をへて箱館戦争で奮戦する。開城の際に江戸城の金蔵は空だったとされ、幕府の財政を担ってきた元勘定奉行の小栗が誰かに指示して江戸城から持ち出させ、赤城山中に隠したという噂がいまだに囁かれている。だとしたら、埋蔵金のありかを知っているであろう小栗が、最大の知行所より、埋蔵金の眠る上州を選んだのは自然の流れだったのかもしれない。罷免された直後、彼の周囲がにわかに騒がしくなるのも、埋蔵金の持ち出しなどを巡り、大鳥ほかの抗戦派に指示を出していたとも考えられる。

ところで、田辺太一という幕末の外交官が、渋沢喜作（渋沢栄一の従兄で明治の実業家）を通じて聞いた小栗の証言を『幕末外交談』に書き留めている。慶喜が新政府に恭順の意を示したあとの話だ。

小栗は「予が抗戦を主張したのは考えるところがあってのこと」としつつも、いったん「事すでにここに至り、人心が挫折して、機会はすでに去った（中略）主将（慶喜）がすでに帰順した以上、もはや何事をなし得ようか」と諦観しているが、そのあと、見事なまでにのちの歴史の展開をいい当て、そのとき旧幕臣が何をすべきかこう明言している。

「（今後）強藩（薩長）が互いにその権力を争い、必ずや仲間喧嘩をして、国内が割拠する状態を呈することがあろう。その時こそ直ちに起って、主公（徳川家の当主）を奉じて天下に檄をとばし、もって中興を計るであろう」

事実、この十年後の明治十年（一八七七）、新政府の中枢を担ってきた西郷隆盛と大久保利通は仲間喧嘩を起こし、西南戦争に突入する。その気に乗じて徳川の天下を奪い返せというのだ。そのときにはむろん、軍資金が必要だ。小栗が埋蔵金を思い描きながら、こう述べたというのは考えすぎであろうか。

さて、二月二十八日の朝、強い南風のなか、小栗は、妻と母や養女を先に送り出し、江戸を出立して権田村へと向かう。三月一日の夜には宿泊先となる東善寺についた。それから新政府軍の命令で高崎藩などに捕縛されるまで小栗は領内の用水路を見聞したり、乗馬を楽しんだりする日が続いた。強硬な抗戦派の小栗も「御役御免」となったあとは、慶喜にしたがい、田舎に蟄居して恭順派に転じたかにみえる。

だが、新政府は小栗が「上州権田村において陣屋など厳重にあい構候《かまえ》」あるいは「砲台を築き、容易ならざる企てこれあり」として、小栗の捕縛命令をだす。権田村で陣屋や砲台を築き、構えを厳重にして戦支度《いくさ》を整えているというのである。

このころ、上州の百姓の間にも「(小栗が)金子五百万両とか百万両とか持ち来るの風聞」が聞こえ、すなわち、小栗が一〇〇万両から五〇〇万両の埋蔵金を江戸城から持ち出して権田村へ土着すると噂されていた。

『小栗日記』を読むと、たしかに、「要害堅固の地」に新しい住居の普請をはじめたりと、小栗にもいくぶん怪しい点があるものの、それは埋蔵金目当てに一揆勢が活発化したことへの自衛目的であった。新政府の捕縛命令は言いがかりにすぎない。

だが、新政府は埋蔵金に関与する小栗を危険人物と考えたのかもしれない。小栗は慶応四年閏四月四日、新政府軍の軍監の命を受けた高崎藩などの藩士に捕縛され、その二日後、十分な取り調べもないまま、処刑されている。こののちの新政府の対応からみても異例の処置といえる。

というのも、幕府の官僚、つまり優秀な幕臣の多くが明治新政府の重職に就いているからだ。幕府の軍事取扱（陸海軍の責任者）だった勝海舟が新政府の海軍大臣（海軍卿）になったのをはじめ、箱館戦争で最後まで新政府軍に抵抗した榎本武揚《たけあき》でさえ、新政府の特命全権公使（海軍中将兼務）として、明治八年（一八七五）の樺太千島交換条約の締結に重要な役割を果たしている。小栗のように有能な旧幕臣で処刑されたのは彼だけだといってもいい。

結果、埋蔵金の真相も闇に葬り去られてしまった。

二八のミステリー

弾薬を製造していた新撰組「近藤勇」の遠謀深慮

「池田屋事件」で攘夷志士を斬りまくり、その名を轟かせた新撰組。しかし、大政奉還によって幕府が朝廷に政権を返上すると、情勢は一転する。

まず、新撰組で内ゲバが発生する。新撰組局長近藤勇や副局長土方歳三ら主流派と伊東甲子太郎《かしたろう》一派には勤皇思想に対する考え方の開きがあり、勤皇派の伊東らは孝明天皇の陵墓（京都市東山区）を護衛するという名目で新撰組から事実上、独立することになった。彼らを御陵衛士《ごりょうえじ》という。

慶応三年（一八六七）十一月十日、近藤勇は国事について談判したいと伊東を妾宅へ呼び出した。近藤は、伊東に酒をしこたま飲ませたうえ、大石鍬次郎ら新撰組隊士らを七条油小路《しちじょうあぶらこうじ》で待ち伏せさせ、伊東を斬殺した。その後、伊東の亡骸を引き取りに来た御陵衛士の隊士と新撰組隊士との間で斬り合いになり、御陵衛士は、勇猛で鳴る服部武雄らの同志を失った。生き残った御陵衛士は薩摩藩邸へ逃げこみ、伊東や同志惨殺の恨みを果たす機会を虎視眈々と窺うことになる。

その間、十二月九日に王政復古のクーデターで幕府は廃止され、王政復古が実現したことにより、旧幕府勢力は京都からの撤退を余儀なくされる。新撰組もまた、伏見の旧奉行所に拠点を移すことになったが、十二月十八日、近藤は伏見から京へのぼり、公卿らに迫って、新政府内から薩長両藩を除こうとした。しかし、その近藤の動きは、伏見の薩摩藩邸に匿われていた御陵衛士の生き残りに知られていた。伏見街道で待ち伏せしていた御陵衛士六名に対して、近藤を護衛する新撰組隊士は十数名といったところだろうか。

新撰組に伊東甲子太郎が斬殺された七条油小路の地

近藤は警護の兵に守られ、堂々と馬に揺られてやって来た。その馬上の近藤が、銃弾を浴びたところは各史料ともほぼ共通している。撃たれた部位は肩や胸。御陵衛士らが家に潜伏し、障子の陰から発砲したという史料もある。かなりの至近距離からの狙撃だったようだ。しかし、撃たれて流血しながらも近藤は死ななかった。近藤は馬に鞭を打ち、馬上に伏せたまま、旧伏見奉行所内へ帰りつくことができたという。

新撰組の警護の者三名ほどが、馬の尻を叩いて近藤を逃がしたともいわれている。失敗した御陵衛士は新撰組の報復を恐れ、京の薩摩藩邸へと逃げこむが、もどった彼らに薩摩藩士らは「馬を撃っていたら、近藤は殺《や》れたはずだ」と、そのしくじりを責めたという。この事件の背後に、旧幕府勢力と対立する薩摩藩がいたのはまちがいない。こうして近藤は病気の隊士沖田総司とともに江戸で療養することになり、鳥羽伏見の戦いには参加していない。

その鳥羽伏見の戦いに敗れ、前将軍徳川慶喜《よしのぶ》が旧幕府軍とともに海路江戸へ入り、上野寛永寺で蟄居することになるが、二月になると、新撰組は甲州鎮撫を命じられる。このとき、近藤と土方歳三は若年寄格待遇を与えられ、鎮圧後、甲州一〇万石は近藤らの裁量に委ねられることになった。近藤らは三月一日、会津藩士らを一隊に加え、甲府へ向けて進軍する。一般的にこの部隊は「甲陽鎮撫隊」と呼ばれている。ところが、甲府城は先に新政府軍の手に帰してしまう。中山道《なかせんどう》を江戸へ進軍する新政府軍が甲州街道方面へ軍を分け、その一部が甲府に着陣していたのだ。六日、近藤率いる鎮撫隊は、勝沼まで進軍してきた新政府軍を迎え撃つ形となったものの、武器や軍勢の数で勝負にならず、鎮撫隊は八王子まで退却した。新撰組隊士の永倉新八が明治後に残した談話によると、「会津の城を枕に討死を遂げる」ことを合言葉に、いったん鎮撫隊は解散して江戸で同志たちが落ち合うことになった。

三月十日ごろ、江戸にもどった永倉らは、将軍の侍医だった松本良順を今戸《いまど》（浅草付近）に訪ね、軍資金として三〇〇両借り受けることに成功する。同志らとの再スタートを吉原の遊郭で祝し、翌朝、和泉橋（秋葉原付近）の医学所で療養していた近藤を訪ねて、新政府軍への抗戦という隊士らの決意を伝える。すると近藤は「拙者は、さようなわたくしの決議には加盟いたさぬ」といったという。このとき近藤は正式な幕臣となっており、当時、幕府は新政府に恭順の意を示していた。幕臣としての近藤の立場からすると、新政府軍への抗戦という永倉らの企ては「私戦《しせん》」にすぎない。こうして近藤と永倉らは袂をわかつが、永倉は「（近藤は）大久保大和の変名をもちいて流山（千葉県）におもむき、江戸を脱走した幕兵を糾合してたちまち百数十人の同志をえた」と、その後の近藤の去就を記している。

しかし流山での近藤の動きは、三月十四日に幕府と新政府で江戸城無血開城の方針が確認されたあとのことであった。新政府は旧幕府軍の残党狩りをはじめており、四月二日の未明には流山に着陣していた近藤の一隊にも新政府軍の目が光っていた。

流山の近藤隊は翌三日、日光街道の越谷宿《こしがや》（埼玉県）にまで進駐してきた新政府軍の斥候隊《せっこう》に急襲され、ほとんど戦わずに恭順の意を示し、近藤に出頭命令が出される。もちろん、近藤は変名の大久保大和として出頭した。しかし、越谷宿には、かつて近藤らが内ゲバの果てに京の油小路で粛清した伊東甲子太郎派の残党が新政府軍に加わっており、大久保の正体が見破られる。こうして罪人扱いとなった近藤は新政府軍の本営である中山道板橋宿に送られ、四月二十五日に処刑された。

以上の流れをたどっていくと、近藤は勝沼から江戸へもどり、その後、流山へ〝最後の出陣〟を遂げた印象がある。しかし、永倉らと江戸の和泉橋医学所で決裂した三月十日ごろから、流山での動きが確認できる四月二日・三日ごろまで、二十日間ほどの近藤の消息が不明なのだ。

じつはその間、近藤らは土方ら新撰組の一部の隊士を率い、水戸街道に沿う五兵衛新田《ごへえしんでん》（足立区）というところへ屯所《とんしょ》を構えていたという。近藤らの一隊が同新田の名主・金子左内の屋敷に現れたのは三月十三日のこと。それから四月一日に流山へ出陣するまで彼らはここにとどまり、「空白の二週間」と呼ばれている。いったい彼らはそこで何をしていたのだろうか。金子家に残る記録を分析した郷土史家の増田光明氏（『新撰組五兵衛新田始末』）は、近藤らはそこで弾薬を製造していたと結論付けている。金子家に残る記録によると、名主家では新撰組の屯所となったのち、炭などのほか、黒色火薬の製造に必要な材料を大量に買い入れているからだ。すでに甲州街道沿いの幕府の硝煙蔵は新政府に抑えられており、不足しがちな弾薬を製造する必要があるためだったという。

ただし、近藤は新政府軍と本気で戦うためにに爆薬を製造していたわけではなさそうだ。まず、近藤は永倉らと決裂する際、彼らの動きを「私戦」と決めつけて批判していること。しかも、近藤らが江戸から五兵衛新田へ移ったのは、西郷隆盛と勝海舟が江戸城無血開城へ向けた会談をおこなう前日。そのころの勝の書状には「船橋・松戸・流山（いずれも千葉県）あたり、江（戸）脱走の者ども多数あい集まり居り候」とあり、水戸街道・流山街道沿いに、幕府の方針に不満を抱く者が集まっていたという。よって、近藤らは幕府の指示にしたがい、松戸・流山方面の脱走兵らを鎮撫する目的で水戸街道沿いの五兵衛新田に進駐したと考えるのが自然だろう。

五兵衛新田の近藤のもとには当然、幕府の脱走兵らも集まったはずだ。近藤が流山への進軍後、新政府軍に出頭したのは、ある意味、自身を犠牲にすることによって新撰組や脱走兵部隊を空中分解させる狙いがあったともいえる。

近藤があまりにもあっけなく捕縛されたため、新撰組局長の名に恥じるという批判もある。しかし、彼の狙いが自身の投降による部隊の解散だとしたら、その最後の評価もまた変わってこよう。

自らの捕縛をもって部隊の解散を狙ったといわれる近藤勇

二九のミステリー

白虎隊「自刃」の意外な真相

江戸城を無血開城させた新政府軍の次の目標は、最後まで徳川家に殉じた会津藩だった。「朝敵」となった会津藩・庄内藩（慶応三年の暮れに薩摩藩邸を焼き討ちしている）の赦免嘆願を目的に「奥羽越列藩同盟」が結成され、列藩同盟の主力である仙台藩などが白河城に軍を派遣して新政府軍と攻防戦を繰り広げていた。しかし、新政府軍は北越で勝利すると（次項参照）、続々と東北へ部隊を投入し、列藩同盟の諸藩は相次いで降った。そうして新政府軍が会津城下から東へ一五里（約六〇キロ）の二本松城下まで迫っていた。

東の二本松から会津城下へ至るルートはいくつかあり、もちろん会津藩は各街道に守備兵を配置していたが、新政府軍は日光・越後方面からも会津をめざしており、会津藩は東側の各街道のみならず、各方面に軍を分散させざるをえなかった。もちろん、新政府軍の攻め口が判明したら各方面の守備隊から増派することは可能だが、新政府軍の参謀伊地知正治《いじち》（薩摩藩）はそうさせないために、電光石火の侵攻策をとった。進軍しやすい反面、迂回ルートとなるコースを取らず、山間の母成《ぼなり》峠を抜ける最短ルートを選んだ。そこに新政府軍が攻めて来たのは八月二十一日早朝のこと。しかも新政府軍は、正面攻撃のみならず、間道を潜行して背後にまわり、会津軍の裏をかいた。この急襲に会津藩側は慌てて潰走する。翌二十二日には会津藩の支城（猪苗代城）の守将も城に火を放って逃げ去った。

会津藩側の最後の砦は、日橋《にっぱし》川にかかる十六橋《じゅうろくきょう》という石造りの橋。そこにも二十三日の暁のころ、新政府軍のうち土佐藩兵が早々と達した。会津藩側は橋を破壊して城下への侵攻を阻もうとするが、橋が堅固なことに加えて、新政府軍の進撃があまりにも急であり、彼らは橋板をいくつか撤去しただけで退いた。こうして新政府軍が予想外に早く城下へ殺到したことにより、少年兵からなる「白虎士中二番隊」（いわゆる白虎隊）に出陣命令が出され、彼らが城下に上がる火の手を落城と勘違いし、飯盛山で自害して果てたという話は有名だ。ところが、生き残った白虎隊士飯沼貞吉の孫の自宅から、飯沼の自筆文書が発見され、彼らは城が落城したと勘違いしたわけでなかったことが発覚する。少年兵たちは「敵軍に突入し、玉砕しよう」「いや、鶴ヶ城（会津若松城）は蒲生氏郷《がもううじさと》（戦国武将）が築いた名城。そう簡単に落ちるはずがない。敵に見つからぬように入城すべき」などという意見が出て激論を交わしたのち、「いずれの策をとっても敵の擒《とりこ》とならないとは限らない。その恥辱を受けるよりここで潔く自刃し、武士の本分を果たそう」という結論に達し、少年たちは自刃の準備についたという。この悲劇のあと、会津若松城は翌九月二十二日まで持ちこたえるのがやっとだった。

三〇のミステリー

幕末の強兵同士が衝突した「北越戦争」で「奇跡」は起きたか？

会津戊辰戦争より新政府軍を苦しめた戦いが北越で勃発している。征東軍参謀西郷隆盛がいかに北越戦線を重要視していたかは、江戸城無血開城後、ちょうど江戸入りしていた奇兵隊の軍監山県有朋（狂介）に会い、この方面での戦況について鳩首していることでもわかる。二人は薩摩の船で江戸から大坂へもどり、そのあと山県は北陸道鎮撫総督参謀《ほくりくどうちんぶそうとくさんぼう》として、前線へ急行する。また、山県と同じく奇兵隊軍監の一人、福田俠平《きょうへい》も増援部隊を率いるため、上方からいったん本国長州へもどっている。奇兵隊は幕末最強の陸戦部隊といわれる。新政府軍はこの方面にその最強部隊を投入したのである。

一方、旧幕府側では「奥羽越列藩同盟」に加盟する長岡藩が北越戦争での主役となる。わずか七万四〇〇〇石の石高だが、軍事総督（家老上席）の河井継之助《つぎのすけ》が藩内で軍制改革をおこない、当時としては珍しい機関銃（ガトリング砲）をはじめ、西洋式装備で武装した強兵集団を作りあげた。ある意味、幕末の強兵同士の戦いでもあった。

慶応四年（一八六八）五月二日、小千谷《おぢや》の慈眼寺《じげんじ》で長岡藩の河井と新政府側との交渉が決裂するや、まず、長岡藩が鮮やかな先制攻撃を決めた。五月十日、長岡藩が藩境の榎峠に陣する新政府軍を追い払ったのだ。奇兵隊の参謀時山直八《ときやまなおはち》が判断を誤り、彼自身狙撃されて戦死すると、さしもの奇兵隊も敗走した。しかし、このあと逆転劇が演じられる。十九日の明け方、奇兵隊軍監三好軍太郎率いる部隊が濁流渦巻く信濃川を強行渡河し、長岡城下に攻め入って長岡城を落城させたのである。新政府軍内の他藩は「無謀の暴挙」といって批判していたと史料にあるから、この奇襲攻撃は無謀な反面、長岡藩の虚をつく結果になったといえる。城を失った長岡藩兵は流浪の集団となったが、それでも降伏しなかった。

河井は、同じく強行渡河で城を奪い返そうとした。二十四日の夜、長岡の東北郊外に広がる大湿地帯（八丁沖《はっちょうおき》）を渡河し、見事、長岡城を奪い返すのである。奪われた城を短期間のうちに奪い返すのは戦史上の快挙といえる。しかも、河井の従僕の談話によると、大将格の山県がこのとき長岡藩士の一撃で命を落とすところだったという。ある長岡藩士が城下の山県の宿舎へ行き、「参謀（山県）はいまだ出陣なきか」と問うと、味方だと思った山県が玄関口へ出ようとして一撃を加えられ、顔面蒼白となって逃げ出したというのだ（『長岡郷土史』）。それだけ、継之助の夜襲が効果的だったことを示しているが、もし山県が死んでいたら、北越戦線はどうなっていたかわからない。だがそのあと、総指揮官の河井が負傷したこともあり、二十九日、ふたたび長岡城は新政府軍の手に落ちるのだった。

三二のミステリー

旧幕府軍が即位させた「東武天皇」とは?

「上野宮（輪王寺宮《りんのうじみや》のこと）様御事、御即位東武皇帝御諱陸運《おんいみなむつとき》」

「奥羽越列藩同盟」が十三代輪王寺宮を東武天皇として即位させたことを示す史料である。宮は、弘化四年（一八四七）、伏見宮邦家《くにいえ》親王の第九子として生まれた。幼名は満宮《みつのみや》。十一歳で仁孝《にんこう》天皇の猶子《ゆうし》となる。つまり、徹底した攘夷派で知られる孝明天皇の義弟にあたり、明治天皇の叔父でもあった。親王宣下を受けて能久《よしひさ》親王。さらに出家して公現法親王《こうげんほっしんのう》となって、安政六年（一八五九）、江戸の東叡山《とうえいざん》寛永寺に入り、十三代輪王寺宮に就いた。

ところで、佐幕《さばく》勢力が徳川二五〇有余年を通じて、隠密裏に伝えてきた秘策がある。「日光（輪王寺）深秘ノ事」という。江戸時代の初めに寛永寺を創設した天海大僧正が「寛永寺の貫主に京から皇族を迎えておけば、反徳川勢力が京の天皇を擁したとしても、幕府が逆賊の汚名を着ることはない」と言い残し、寛永寺のトップに天皇家から宮を迎えていたわけだ。そして、新政府が明治天皇を擁し、錦の御旗を掲げて東征しているいまこそ、天海が授けた秘策を実行すべきだと考えた者がいた。寛永寺の執当職《しっとうしょく》（寺務職のトップ）にあった覚王院義観という僧である。

かつて日本に南北朝時代があったように、義観は京の南朝に対して北朝を打ち立てようとしたのだ。宮はこの義観や旧幕臣、さらには列藩同盟の諸藩に盟主としての地位を期待されたのである。この「東武天皇擁立劇」の一部始終をみてみよう。

慶応四年（一八六八）の年明け早々、鳥羽伏見で旧幕府軍が敗れると、一月七日、江戸の寛永寺に蟄居した前将軍徳川慶喜《よしのぶ》に追討令が発せられた。まず宮は翌二月、その慶喜の無実を訴えるため、寛永寺を発って東征中の新政府軍（東征大総督府）の本営をめざす。総督府には、宮の実兄である征東総督の小松宮がいる。しかし、宮は実兄と会えず、むなしく江戸へ帰らざるをえなかった。

このころ藤堂家津藩主父子へ宛てた宮の手紙も残っており、そこからは、内乱の回避を強く望む心情が読み取れる。だが、時局が宮をほっておかなかった。

四月二十一日、新政府軍が江戸へ無血入城を遂げ、慶喜は水戸に蟄居したが、新政府に反発する旧幕臣らが彰義隊《しょうぎたい》を結成して上野の山に籠り、五月十五日、新政府軍の総攻撃がはじまった。

このとき、宮はいつもどおり寛永寺本坊（現在の東京国立博物館付近）で朝の勤行中であったが、やがて砲撃がはじまり、黒門口の敗報が伝わると、宮は雨の中、寛永寺を脱出する。何とか徳川ゆかりの自證院《じしょういん》（市谷《いちがや》）へ逃げこみ、旧幕府の軍艦長鯨丸《ちょうげいまる》に乗りこむことができた。こうして宮は平潟《ひらかた》（北茨城市）の湊に上陸。六月六日に会津入りし、奥羽越列藩同盟成立の地である白石（宮城県）や仙台、米沢と、東北各地を巡る。

このころ、列藩同盟側は宮を「皇帝」と仰ぎ、関白太政大臣や左大臣以下、蔵人《くろうど》や舎人《とねり》、さらには征夷大将軍などの朝廷の組織を模した組織作りをおこない、列藩同盟政府の閣僚名簿というべき史料も複数存在する。日付は、六月十五日および十六日付。いずれも明治ではなく「大政」という年号が使われている。そのうちの一通には、上野宮（輪王寺宮）が東武皇帝として即位したという記事冒頭の内容が書かれていた。

なぜ「天皇」ではなく、「皇帝」と称したのかはよくわからない。さすがに明治天皇への遠慮があったからなのか。あるいは、薩長両藩を中心とする新政府軍こそが賊軍であり、宮の正当性を強調するために「皇帝」という称号を敢えて使ったのかもしれない。ただ以上の話からは、輪王寺宮が天皇として即位し、年号も大政に改元して北朝が誕生したようにみえる。

当時旧幕府軍に属し、のちに蝦夷地（北海道）で箱館政権を樹立する榎本武揚《たけあき》がこのような現場を目撃したと、後年書き残している。榎本によると、輪王寺宮は緋の袴をはき、内裏雛の台のようなものの上に座っていたという。天皇のように扱われていたことがわかる。義観もその日記で「御所」「御親兵」「御巡行」などという言葉を用い、輪王寺宮を天皇並みに扱っているのである。

ただし、旧幕勢力すべてが北朝を打ち立てて新政府に対抗しようとしていたのかというとそうではない。反発もあったようだ。前述の榎本もその一人だった。彼は例の長鯨丸の船上で宮に対して、

「南北朝の昔のごとき事を御勧め申す者がこれあり候とも、御同意遊ばすな」

と諫めている。義観らに北朝を立てる構想があり、一時的に宮を東武天皇として即位させたとはいえ、それはあくまで形式に過ぎず、実体は伴っていなかったのであろう。結果、宮は会津若松城が落城するころ、新政府軍へ使者をだして謝罪し、京へ送られて謹慎する。

こうしてふたたび南北朝の内乱となる愚から逃れることができた。

三二のミステリー

榎本武揚は北海道で「共和国」を樹立しようとしていなかった！

江戸城無血開城の条件として旧幕府軍の軍艦は新政府へ引き渡されることになっていたが、旧幕府海軍副総裁の榎本武揚《たけあき》はその条件を無視して艦隊を率い、品川沖を出港した。これを榎本脱走艦隊と呼ぶ。

艦隊はいったん仙台の松島湾に投錨したものの、慶応四年（九月八日に改元されて明治元年）の九月十五日に仙台藩が新政府に降伏したため一路、箱館へと向かった。榎本がイギリスの箱館領事らを通じて新政府に提出した文書に、彼らの目的が書かれている。榎本は「蝦夷地を我が徳川親族に与えてこの地に封じていただきたい。そうすれば我らがこの地を開拓いたします」といっている。つまり、維新によって消滅した幕府の臣（幕臣）が糧《かて》をえるために北海道を開拓したいというのだ。その意味でいうと、彼らは旧幕臣らによる開拓移民団ということになる。

だが、その建前と実情はかけ離れていた。榎本艦隊には、土方歳三率いる新撰組をはじめ、彰《しょう》義《ぎ》隊など、新政府に抵抗してきた旧幕府陸軍の軍勢およそ三〇〇〇が乗っていたからだ。彼らは内浦湾に面した鷲ノ木（森町）に上陸し、箱館へ進軍をはじめた。

当時、五稜郭《ごりょうかく》には新政府の箱館府が置かれていた。五稜郭は、幕府が箱館を開港した際、函館山の麓にあった箱館奉行所の移転先として築造された城郭だ。完成から二年で幕府が消滅し、新政府の箱館府として使われていた。榎本軍はその箱館府の新政府軍をやぶり、知事が逃走して、十月二十六日、五稜郭を無血占領した。

その後、旧幕府軍は松前藩に協力を要請したが、拒絶されると、十一月五日には松前城を攻略し、藩主松前徳広《のりひろ》は青森へと逃れた。こうして榎本らはたちどころに、蝦夷地平定を成し遂げた。むろん、蝦夷地のほとんどが未開拓地であり、彼らの勢力圏は箱館や室蘭、渡島半島の一部に限られていたが、十二月十五日、榎本艦隊は新政権樹立を祝い、箱館港内で一斉に祝砲を放った。

旧幕臣らに生計の糧を与えるため、蝦夷地開拓をするつもりだった榎本式揚

列強諸国も、蝦夷地に忽然と出現した新政権（以下、函館政権と呼ぶ）に戸惑ったようだ。そのころ、箱館港にイギリス・フランス両国の軍艦二隻が入港し、艦長二人が両国の箱館領事とともに、榎本と会見した。彼らは榎本に箱館占領の目的などを問い、榎本はオランダ語で的確に答えたという。結果、彼らは箱

館の新政権を「オーソリテイ・オブ・デファクト」、「事実上の政権」であると、その正当性を認めたのである。

しかも新政権側はアメリカにならい、役職を「公選入札」（選挙）という民主的な方法によって決め、総裁に榎本、副総裁に松平太郎（元外国奉行支配組頭）、海軍奉行に荒井郁之助（元歩兵頭並）、陸軍奉行に大鳥圭介（元歩兵奉行）、陸軍奉行並に新撰組の土方がそれぞれ就任した。列強から独立国として認められ、選挙によって代表（総裁）や大臣を決めているのだから箱館共和国が日本に誕生したことになる。通説はそういう文脈で語られることが多い。

しかし、公選入札といっても、投票権をもつのは士官以上。一般の兵は投票することができなかった。結果、士官たちがその上官を信任するという色彩が強くなり、また、得票数も史料によって一定せず、とても民主的な選挙がおこなわれたとはいい難かった。また、外交的には素人だったイギリス・フランスの軍艦艦長が榎本の人柄に魅せられ、よくわからないまま、事実上の独立国とみなした側面があったようだ。

榎本が共和国樹立をめざしたことを示す史料もなく、その誤った解釈（新政権を共和国とする認識）が一人歩きしていったのだろう。

そもそも、榎本が新政府に送った嘆願書には、自分たちが「皇帝陛下（天皇）の臣下」である旨が記載されている。彼の主張は前述したとおり、新政府に不満を抱く旧幕臣らを糾合し、彼らに生計の糧を与え、あくまで天皇を頂点とする日本国の一員として蝦夷開拓をおこなうことであった。

ちなみにいうと、土方らはその榎本の態度に不満を示し、箱館の新政権内はたえず矛盾を孕んでいた。

それはともかく、榎本がいくら抗弁しようが、榎本らが新政府に引き渡されるべき艦隊を奪って蝦夷地を急襲した事実は消えるものではない。イギリス公使のパークスも同じ解釈を示し、やがて榎本らは賊徒として新政府軍の追討を受ける立場となる。

新政府は薩摩藩の黒田清隆を参謀に、青森に七〇〇〇の軍を集結させ、新政府の艦隊も宮古湾に入った。箱館政権の海軍は、新政府軍が誇る甲鉄鑑の奪取を図るものの、失敗（宮古湾海戦）。

新政府軍は明治二年四月九日に江差方面に上陸し、箱館総攻撃が命じられた。

土方は五月十一日に討ち死にし、榎本は十八日に降伏して、共和国でも、独立国でもない旧幕府の残存勢力の抵抗は、ここに力尽きたのである。

三十三のミステリー

リストラが目的だった西洋暦への「改暦」

江戸時代から明治になって庶民はどこがどう変わったと感じたのだろうか。

まず、江戸時代の身分制度（「士農工商」）が撤廃され、「四民平等」になったといわれてきた。たしかに新政府は明治二年（一八六九）に「農・工・商」の庶民を「平民」としたが、あらたに公家には華族、武士には士族の地位が与えられた。つまり、「華族・士族・平民」の呼称のもとに身分秩序が再編成されたにすぎない。江戸時代、支配層はともかく、庶民たちは自分たちを「農・工・商」と区別をしていたわけではなく、等しく「百姓・町人」であると理解していた。そもそも、士農工商という身分制は江戸時代の儒学者たちが喧伝した概念にすぎず、幕府や諸藩が法令で定めていたわけではなかった。

次に「文明開化」についてはどうだろう。明治五年（一八七二）に銀座一帯を焼き尽くした大火によってレンガ造りの街が整備された。歩道には街路樹が植えられ、ガス燈がともった。たしかに、銀座レンガ街は文明開化の象徴とされ、庶民はその近代的な街並みに目を奪われた。

しかしそれより、庶民が最も驚いたのは、明治五年（一八七二）十一月九日、突如、新しい暦が発布されたことではなかろうか。これまで使っていた暦は旧暦となり、西洋諸国が使う太陽暦（現在のグレゴリオ暦）へ統一された。しかも新政府は、十二月三日をもって明治六年一月一日にすると発表したから大変だ。新年までまだ二カ月あると思っていたら、政府から急に暦が変わるといわれ、新年まで一カ月を切っていることがわかったからだ。おそらく、蜂の巣をつつくような騒ぎになったことだろう。これを「明治の改暦」という。明治天皇は改暦にあたり、詔《みことのり》を発布し、「（これまでの暦は）二、三年間、必ず閏月を置かざるを得ず、置閏《ちじゅん》の前後、時に季候の早晩あり。ついに推歩《すいほ》（暦上の計算）の差を生ずるに至る」と通達している。旧暦（太陰太陽暦）は二、三年にいちど閏月をもうけなければならず、四季の訪れはその年によってまちまちになり、暦に狂いが生じるから、西洋暦（太陽暦）に改めるというのだ。近代国家として「富国強兵」政策を推し進めるにあたり、年によって十二カ月だったり、十三カ月だったりするのは殖産興業の面からいっても不便極まりない。

ここで少し、暦について説明しておこう。まず太陰暦は、月の満ち欠けの単位を「一朔望《さくぼう》月《づき》」とし、端数を「大の月」（三十日）と「小の月」（二十九日）で処理した。しかし、地球が太陽の周りを回る公転周期にもとづく太陽暦の一年（約三六五日）とは、一年でおよそ十一日の差が生じる。つまり、三年で一カ月、十八年で半年のズレを生じることになる。十八年で春と秋が入れ替わり、十八年たつと元の季節にもどるわけだ。こうなると、農業暦としては使えない。そこで、季節と連動する太陽暦と月の満ち欠けに連動する太陰暦を合体させ、太陰太陽暦が生まれた。閏月を入れて、二つの暦を調整するという考え方だ。

それでも実際の太陽の動きとは誤差が生じる。貞享《じょうきょう》元年（一六八四）、映画『天地明察』の主人公となった幕府天文方の渋川春海《しぶかわはるみ》は、平安時代から使っていた宣明暦《せんみょうれき》（中国・唐の時代の暦を輸入したもの）が実際の太陽の動きに二日遅れているという不備を指摘し、改暦をおこなった。こうして八二三年続いた宣明暦の時代は終わり、春海の貞享暦が採用された。その後、宝暦・寛政・天保と、計四回の改暦がおこなわれ、明治維新を迎えた。

しかし、明治天皇が詔でいう「旧暦は暦に狂いが生じる」というのは表向きの理由だった。そのことは、あまりにも性急すぎる改暦の動きから読み取れる。新政府は明治五年の九月に入り、降って湧いたように改暦を決めたのである。すでに、天保暦の頒布《はんぷ》（制作・販売）を特権的に請け負っていた会社は、翌明治六年の暦を旧暦で制作しており、突然の変更によって、約三八〇万部が売れ残り、損失が三万八〇〇〇円に及んだという。当時の国家予算の規模がまだ四九〇〇〇万円足らずだった時代の話である。しかも新政府は、改暦の実施を発表しつつ、新暦の暦は「板（版）出来次第頒布候」と通達しており、いまだ新暦の暦が完成しない前に、改暦の事実だけ発表したことになる。

なぜ新政府はこうした混乱を招いてまで、この年の改暦を急いだのか。

明治五年の九月ごろ、暦頒布会社（前出）から政府の高官に明治六年の暦（天保暦）の見本が回覧され、当時、新政府の参議であった大隈重信（旧肥前佐賀藩士）は天保暦をみて愕然とする。なぜなら、明治六年には閏六月があり、十三カ月あることがわかったからだ。これまで新政府の役人らへの報酬は年俸制だったが、明治四年に月給制に改められたばかりだった。大隈はのちに大蔵卿になる人物。当時、財政に占める人件費の割合が極端に高く、財政難に喘いでいた新政府の首脳として、一カ月分の月給増は、決して少ない金額ではない。そこで急遽、改暦を実行したというのである。しかも、明治五年の十二月三日を翌年の元日としたため、十二月はわずか二日間となり、十二月分の給料はカットされた。大隈ら新政府側は、計二カ月分の人件費カット、リストラに成功したことになる。

余談だが、明治の文人たちは、改暦後も季節の配分を旧暦にもとづいて記述することが多かった。たとえば、旧暦の春は新暦の一月〜三月。いまでも年賀状に「初春」という言葉を使う。新暦の季節としては冬の真っ盛りなのだから不適切な表現となるが、いまなお、明治の文人らの名残りで、われわれの生活の中に旧暦が息づいているといえよう。

三四のミステリー

幕末維新の下克上？　なぜ「廃藩置県」は実現できたか

明治四年（一八七一）七月十四日、新政府は在京する知藩事《ちはんじ》五四名を皇居内の大広間に集めて「廃藩置県」を命じた。知藩事といってもただの役人ではない。鹿児島藩知藩事・島津忠義（茂久《もちひさ》から改名）、山口藩知藩事・毛利元徳、佐賀藩知藩事・鍋島直大《なおひろ》ら、幕末に活躍した諸侯の二世たち。ついこの間まで「殿様」とあがめられていた大名諸氏だ。彼らは全員罷免され、東京への転居が命じられた。藩が「府」と「県」に置き換えられ、旧藩主たちは先祖代々の旧藩領の支配権を失うことになった。

さしずめ江戸時代なら、江戸城に諸侯うち揃う前で将軍が「そなたらの藩を幕府が召し上げる」と、全員に改易を言い渡すようなものだろうか。しかも、新政府の指導者といっても、殿様たちからすると、かつて家臣であった者ばかり。下剋上、無血革命などなど、いろんな言葉が思いつくほどの大改革だ。知藩事の中にそのまま県令（のちの県知事）となる者がいなかったにもかかわらず、それでも殿様たちが藩兵を率いて反乱するような行動に至らなかった。なぜ殿様たちは黙って引き下がったのか。考えてみると、幕末維新最大の謎ともいえる。

謎解きのために戊辰戦争までさかのぼりたい。この戦争には、薩長の藩兵のみならず、諸国の藩兵が参戦している。しかも、戦国時代のように大名が陣頭に立って兵を指揮したわけではなく、活躍した仕官の多くは下級武士だった。薩摩藩の例をとってみよう。川村純義《すみよし》という藩士がいる。妻が西郷隆盛の母方の従妹にあたり、会津戦争で軍功を立てた。新政府軍が戊辰戦争に勝利し、川村らが鹿児島に凱旋すると、その発言力が増し、彼らは藩の上層部、とりわけ「門閥」といわれる層を排斥しようとした。川村は藩主島津忠義の御前で、堂々と藩主弟の島津久治を詰問したのである。

つまり、桜田門外の変で幕府の権威が失墜し、幕府が真綿で首を絞められるようにして滅んでいったように、諸藩とその支配層（大名や門閥家老ら）も戊辰戦争を経て、その権威を失墜させていた。だからこそ、新政府が廃藩置県の前段階として明治二年（一八六九）におこなった「版籍奉還」の際にもたいした混乱は起きなかった。これは、諸大名から天皇へ領地（版図）と領民（戸籍）を返還させることをいい、のちに藩閥政治と批判される薩長土肥の四藩が範を示して新政府に願い出ると、諸藩もこれに従った。藩政のトップである知藩事にはそのまま藩主が任じられたが、彼らの地位は世襲されず、天皇からみたら、陪臣にあたる旧藩士も知藩事と等しく「臣民」となる。封建的な主従関係が否定されたのである。したがって新政府は諸侯の不満をおさえるため、戊辰戦争の論功行賞ともいえる賞典禄《しょうてんろく》を与えることにした。ちなみに、薩

鹿児島に帰郷した西郷を表舞台に
再び引っぱり出した大久保利通

摩の藩主忠義とその父久光には一〇万石、旧藩士にも与えられ、西郷には二〇〇〇石が下賜された。余談になるが、同時に西郷は正三位《しょうさんみ》に叙せられたものの、忠義の官位が従三位《じゅさんみ》だったために西郷が藩主を官位で上回る形になり、西郷は官位授与の辞退を申し出ている。

それはさておき、諸侯は賞典禄という飴に釣られ、版籍奉還の上表をおこなったわけではない。藩主としての権威は失墜したものの、天皇から知藩事に任命されることによって、天皇という権威に頼ることができた。いや、頼らざるをえなくなったというのが正しいだろう。藩主や江戸時代には門閥を誇ってきた藩の指導層たちは、明治二年の時点で新政府に反発するエネルギーも力もなかったのだ。

また、江戸時代から続く財政難という問題もあった。廃藩置県が実行される前から、財政難に喘ぐ藩は自主的に新政府へ「廃藩」を申し出ており、その数は一〇藩以上に及んだ。

だからといって、新政府首脳は、全国の知藩事らが全員、素直に廃藩置県に応じると思っていなかった。ここに西郷が維新後、ふたたび歴史の表舞台に登場することになる。

西郷は戊辰戦争が終わると故郷鹿児島に引っこんで、温泉に浸かりながらゆっくり余生をすごしていたが、藩主忠義らに乞われて藩の参政に就き、藩政に担ぎだされていたのである。のちに参政を辞すものの、やがて西郷は大参事（のちの副知事にあたる）となり、鹿児島にとどまり続けていた。新政府は、その西郷を東京へ呼びもどそうとした。

大久保利通は、勅使として派遣された岩倉具視とともに鹿児島入りし、西郷を口説きおとした。その西郷は、諸藩から兵の一部を中央政府に献じ、政府直轄軍（親兵）とすることを構想していた。大久保の説得もあって西郷が上京したのち、この親兵構想が動き出し、薩摩・長州・土佐の三藩に対して、親兵を差し出す命令が下された。混乱なく三藩が応じたのは、事前に岩倉らが説得していたからだった。西郷はいったん鹿児島へもどり、兵を率いて東京へやって来る。こうして三藩合計で八〇〇〇に及ぶ親兵が誕生した。話は少々ながくなってしまったが、この親兵が睨みを利かすことによって、廃藩置県が地方の反乱もなく断行できたといいたかったのだ。ちなみに、西郷が鹿児島を発つにあたり、久光は廃藩置県の儀に同意しない旨、伝えていたというが、その約束は反故にされた。その久光が廃藩置県に反発し、錦江湾《きんこうわん》で打ち上げ花火をあげて鬱憤を晴らしたことが、旧藩主側の唯一の反乱といえただろうか。

三五のミステリー

「台湾出兵」で「琉球」が日本になった訳

西郷隆盛の弟従道《つぐみち》は、明治七年（一八七四）五月二日、台湾蕃地事務都督《ばんちじむととく》（台湾出兵の司令官）として三六〇〇余の遠征軍を進発させ、十七日に自ら残兵を率いて出征した。日本が近代国家に生まれ変わって初めて実現する海外派兵だ。台湾に漂着した琉球島民が先住民に殺害され、その処罰のための出兵という名目だが、事実上、台湾の先住民地域の併合（占領）を狙っていた。台湾南部に上陸した日本軍は三方面から進撃し、先住民高砂族の本拠を陥落させたが、兵たちは先住民との闘いよりマラリアの大流行と戦わねばならなかった。三六〇〇余の全軍の内、病死した者は五六一名に及んだ。

一方、一七世紀になって中国本土から台湾南部へ漢民族が移住し、明治初めのころ、清国が台湾の領有権を握っていたが、全土を支配していたわけではなかった。琉球島民殺害問題の協議で北京入りした副島種臣《そえじまたねおみ》全権大使（旧佐賀藩士）に清国側は「いまだ服せざるを生蕃《せいばん》（台湾先住民）と謂うて化外《けがい》に置き、はなはだ治ることをなさざるなり」と回答したことが日本につけいる隙を与えた。つまり、清国の支配が及ばない地域（先住民が住む化外の地）があり、そこに清国の支配が及んでいないのなら、日本が清国の代わりに彼らを懲らしめてやるというわけだ。

しかし、台湾出兵は、征韓論を巡る政変（明治六年の政変という）の翌年に起きている。征韓論に敗れた西郷が下野し、外征より国内政治を優先した大久保利通が台湾問題の全権を握り、台湾出兵を推し進めた。内治優先主義者の大久保がなぜ初の海外派兵を指揮することになったのか。これほど不思議な話はないが、そもそも彼が内治優先主義者でなかったというのがその謎の答え（詳細は「三九のミステリー」参照）。つまり、①西郷をはじめ多くの参議が下野②佐賀の乱（不平士族の叛乱）などの勃発――によって大久保政権への求心力が弱まり、その挽回のために外征という禁断の果実に手を染めたにすぎない。

結果、清国側へ事前通告せずに出兵をおこなったために、清国や日清間の関係悪化を懸念する列強諸国の反発を招き、大久保自ら北京入りし、被害に遭った島民や遺族への撫恤銀《ぶじゅつぎん》（補償金）を受け取り、日本軍が台湾から撤兵することになった。この取り決めによって日本は、清国が台湾に主権を及ぼしていると認めざるをえなくなったが、逆に、江戸時代から日本（薩摩藩）と清国に両属していた琉球を併合する根拠をえた。そもそも台湾問題は、琉球島民が原住民に殺害された事件に端を発しており、大久保との交渉で、清国側が被害に遭った琉球島民を日本国民と認めてしまったことから、日本の琉球に対する主権をも認める形になった。近代日本初の海外派兵は琉球併合という結果をもたらしたのである。

三十六のミステリー

明治新政府「空中分解寸前」！そのピンチを救った「使い走りの男」

廃藩置県という大改革を断行した明治新政府が征韓論問題をへて、分裂の危機を迎えた時、そのピンチを救ったのは、師の吉田松陰から「才劣り学幼き」、「質直にして華なし」と酷評された松下村塾の落ちこぼれだった。ただし吉田は「周旋家」（人と人との間を調整して回る人物）になるかもしれないと、弟子の唯一といってもいい才能を見事なまでに見抜いていた。吉田の慧眼はやがて証明されることになる。

高杉晋作や久坂玄瑞《くさかげんずい》らをはじめとする松下村塾の面々より才能が劣り、華がないとさえいわれた男の名は伊藤博文。

幕末のころの彼は、桂小五郎（のちの木戸孝允）の使い走り、いまでいう〝パシリ〟でしかなかった。こんな逸話がある。

桂は文久二年（一八六二）ごろ、京都で芸妓幾松（のちの木戸夫人）と知り合い、いれあげた。しかし、幾松には京の山科に住む富豪の恋敵《こいがたき》がいた。桂も幾松に金を使うが、経済的にはとうてい恋敵に太刀打ちできない。そこで伊藤がその富豪を脅し、結果、桂は幾松をものにできたという。だが、そんなパシリに大きな人生の転機が訪れる。当時、藩を挙げて攘夷に邁進していた長州藩も、日本の武威を諸外国へ示したのち、必ず西洋文明を受け入れる時が来るとみて、井上馨（のちの外務卿）や伊藤ら若い五人の藩士をイギリスへ派遣することになった（彼らはのちに「長州ファイブ」と呼ばれ、伊藤・井上のほか、野村弥吉・山尾庸三・遠藤謹助がいた）。その際に培った語学力が伊藤を明治の元勲に仕立て上げたといってもいい。

伊藤は明治四年（一八七一）、著名な岩倉具視《ともみ》の使節団の副使として、大久保利通・木戸孝允ら新政府の重鎮とともに欧米諸国を歴訪してまわる。なにしろ、大使の岩倉具視や副使の大久保も、海外渡航は初めての経験。当然、伊藤の語学力に頼らざるをえない。このころ、パシリだった時代のボスである木戸との関係が悪化するものの、この渡欧で大久保の信頼をえたことが伊藤の大きな財産となった。

やがて、征韓論をめぐって新政府は分裂し、西郷隆盛や板垣退助（旧土佐藩士）は反発して野に下り、不平士族の不満や自由民権運動が始動して不穏な空気が漂いだす。そんな時代の新政府を支えたのは大久保と木戸だが、台湾への出兵問題をめぐり、木戸が大久保に反発して国元の長州へ引っこんでしまう事態となる。

こうなったらもはや、新政府は空中分解寸前だ。このとき、盟友の井上とともに、当時参議だった伊藤が両者の間を周旋して回り、明治八年（一八七五）二月、大阪で両者に板垣を加え

師・吉田松陰から「才劣り学幼き」などと酷評されていた伊藤博文

た三者の会談が実現する。これを「大阪会議」という。

もちろん、大久保も木戸との和解の必要性を痛感していた。大久保は、伊藤に木戸との会談の斡旋を依頼して自ら大阪へ向かい、山口にもどっていた木戸も了承して明治八年二月、東京にいた板垣も含めて、大阪北浜の料亭「花外楼《かがいろう》」に三者が集《つど》い、酒席がもうけられた。一月以降、数回にわたって話し合われ、木戸と板垣は太政官《だじょうかん》の参議に復帰した。

ここで思い出していただきたいのは、かつて吉田松陰が周旋家としての伊藤の能力を買っていた事実である。大阪会議では、板垣の主張を入れて将来の立憲政体（憲法にもとづく政治をおこなう体制）へ向けた詔のほか、国会開設準備のための元老院や民意を汲み取るための地方官会議の設置でも合意をみた。これによって、弱体化しつつあった政府は体制を整える形となった。伊藤らの奔走によって実現した政権を「大阪会議体制」と呼ぶ。伊藤は、窮地に立った新政府と大久保を持ち前の周旋力で救ったのである。

このとき、明治二年（一八六九）以来の太政官制度に改編が加えられた。ここで少し、その太政官制度に触れておきたい。

スタートしたころの新政府の組織は、立法（議政官）と行政（行政官）と司法（刑法官）の三機関にわかれ、形式上、三権分立のたてまえをとっていたが、明治二年の官制改革によって、二官（神祇官と太政官）体制となり、太政官に左右大臣・大納言・参議が置かれた。明治四年にはふたたび組織が変更になり、太政官を正院・左院・右院にわけ、その下に八省を配置した。大阪会議体制によって左院と右院が廃止され、前述したとおり元老院がもうけられたほか、大審院が設置された。

元老院は立法機関、大審院はいまでいう最高裁判所にあたり、太政官（行政機関）とあわせ、三権分立が整ったようにみえるが、司法機関である大審院より行政機関の優位がみられ、いまだ不十分なものであった。

政府は明治十八年（一八八五）、太政官制そのものを廃止し、憲法制定前に近代的な内閣制度を発足させた。以降、現在に至るまで六〇名以上の内閣総理大臣を誕生させているが、新政府の危機を救った伊藤はその第一号。わが国初の総理という栄誉も勝ちえている。

第二部

西郷隆盛と幕末暗黒史

西郷隆盛とともに幕末の主要人物・坂本龍馬

其の一　『西郷どん』ってどんな人？

西郷隆盛編

三七のミステリー

島津斉彬の身代わりに死を望んでいた！

西郷隆盛（吉之助）は文政十年（一八二七）十二月七日、鹿児島の甲突川《こうつきがわ》のほとりにある加治屋町で生まれた。家格は小姓組。薩摩藩の下級藩士である。

隆盛の下に、お琴・吉二郎（戊辰戦争で戦死）・お鷹・お安・信吾（のちの西郷従道《つぐみち》）・小兵衛（西南戦争で戦死）の兄弟姉妹がいて、大世帯で家は貧しかったという。のちに土佐の中岡慎太郎が西郷に会った際の印象として「人となり肥大にして御免の要石（力士）に劣らず。いにしえの安倍貞任《あべのさだとう》（平安時代に陸奥六郡を治めた俘囚《ふしゅう》の長。前九年ノ役で朝廷軍と戦い敗死する）などはかくの如き者か」と語っているくらいだから、幼少のころより図体は大きかったのだろう。三歳年下の大久保利通《としみち》（正助）とは竹馬の友だ。

混沌とした幕末の政局にあって彗星のように現われるが、安政の大獄に連座する形で自殺未遂を遂げる。彼の生涯は、その自殺未遂を遂げるまでの前半生、島送りからもどって幕末の政治史に大きな足跡を残し、維新後、不平士族らとともに西南戦争で斃れるまでの後半生にわけられる。

その前半生を駆け足で振り返ってみよう。西郷は二十歳のころ、郡方書役助《こおりかたかきやくたすけ》といって、郡代官の下役《したやく》的な仕事を仰せつかり、このとき農民の窮状を肌で感じ取ったことがのちに生かされる。安政元年（一八五四）、二十八歳のとき、「賢侯」の誉れ高い薩摩藩主・島津斉彬《なりあきら》が藩主就任後初めての参勤交代で江戸へ出府することになった。斉彬は下級藩士でも能力のある者は取り立てて江戸へ連れていく方針を打ち出し、西郷は郡方時代の経験にもとづいて藩庁へ意見書を建白した。これが斉彬の目にとまる。このことはのちに西郷が述懐しており、事実だと考えられるが、明治時代に書かれた西郷の伝記はよりドラマティックな話へと昇華させている。

城下を発った斉彬の一行は藩境にある水神坂という坂道の坂上で休息することになった。斉彬は建白書を読んで西郷を中小姓として一行に加えてはいたが、まだ面識がない。そこで斉彬が「今日、予《よ》が供廻りに西郷吉之助はおるか」と側近に質すと、側近は「かの大兵肥満の人物」ですといって西郷を指さした。斉彬がそちらを見ると、一同、主君の前だから腰をかがめているところ、西郷一人だけ突っ立っていた。むろん、斉彬は「無礼な奴」という感想を洩らす。

しかし、これは斉彬の勘違いだった。西郷は立っているのではなく、その図体が飛び抜けて大きいがために、立っているように見えたのだ。側近が「恐れながら申し上げます。立っているのではございませぬ。あれで跪《しゃが》んでいるのでございます」というや、斉彬は見直し、「大兵にして筋骨逞しく、炯々《けいけい》たる眼光はあっぱれ骨柄《こつがら》であるのう」と感心し、江戸に着いてから西郷を庭方役《にわかたやく》に抜擢したというのである。

以上、誇張された話だと思うが、西郷が庭方役に起用されたのは事実。役職名を聞くと、幕府の隠密組織である御庭番《おにわばん》を連想してしまう。庭方役は斉彬の秘書的な役割を担っていたから、斉彬の耳目の代わりを務めるという意味で隠密的な職務だったのかもしれない。こうして西郷はいわば〝斉彬の秘書〟として政界にデビューし、水戸藩の藤田東湖《とうこ》をはじめ、諸藩の著名な士との交流を深める。のちに西郷は配流先の奄美大島と沖永良部島《おきのえらぶじま》から都合二回、島津久光（斉彬の弟）によって鹿児島へ召喚され、斉彬時代の経験を買われ、混迷する京都政局の渦中へ投ぜられる。すでに政界で西郷の名は轟いており、幕府の長州征討軍参謀に任じられ、征討軍総督の尾張藩主徳川慶勝《よしかつ》から全幅の信頼を寄せられる。それもこれも、彼の前半生において、斉彬の意を汲んで江戸や上方で奔走する時代があったればこそであった。

一方、話はさかのぼるが、西郷が安政元年、江戸へ出府した早々のころの話だ。斉彬が重い病にかかり、西郷が主君の病気平癒を目黒不動へ祈願したことがあった。そのとき西郷は、「身命なき下拙《げせつ》に御座候へば、死する事は塵埃《じんあい》のごとく、明日を頼まぬ儀に御座候間」

と、国元の同志へ手紙を送っている。つまり、自分のような卑しい者の命は塵も同様だから、その命と引き替えに斉彬の命を救ってほしいと、お不動様へ訴えているのだ。大恩ある主君の身代わりに死を望んでいたのである。したがって西郷は、斉彬が死ねば当然、殉死する覚悟を決めていた。

西郷は、政界工作中の安政五年（一八五八）七月二十七日、京で斉彬急死の訃報に接する。このとき西郷は、ともに朝廷工作に関与した僧月照（清水寺成就院《じょうじゅいん》住職）から殉死を思いとどまるように説得され、幕府に追われる月照を匿おうと鹿児島へ逃れたが、島津家に匿う意思がないと知るや、西郷は、月照を抱きかかえるようにして錦江湾《きんこうわん》で入水自殺を図った。

西郷だけが奇跡的に助かり、藩は西郷を死人として届け出、密かに奄美大島へ流した。おそらく、西郷は朝廷工作が成功しても、斉彬亡きいま、死ぬ覚悟を決めていたのだろう。死に場所を探していたともいえる。斉彬に与えられた使命をまっとうするために少し時期は遅れたもののの、西郷は斉彬に殉死するつもりで錦江湾に飛びこんだのであろう。

三八のミステリー

自身を「豚」呼ばわりする「意外な性格」

読者諸兄が描く西郷隆盛のイメージは、豪放磊落、人格者としての風格を漂わせながらも決断力に富み、清廉潔白――といったところではなかろうか。もちろん、そのイメージを否定するものではない。ただ、西郷とて人の子。とくに恩師である島津斉彬《なりあきら》の死に際して死を決意し、同志である僧月照《げっしょう》とともに入水自殺を図ろうとする多情型タイプ（感じやすく傷つきやすい性格）でもある。ここでは奄美大島へ遠島となり、蟄居生活を送っていたころの西郷の意外な一面にスポットをあててみた。

まず西郷は大久保利通《としみち》（正助）らへ宛てた手紙で、島での暮らしがはや一年となり、「豚同様にて罷りあり候」と書いている。薩摩といえば、黒豚で有名な土地柄。自身を卑下しているのか、それとも、ただ食って寝るだけの暮らしが続いて本当に豚のように太ってしまったのかは不明ながら、西郷はそのことを嘆き、一日千秋の思いで呼び返し（召喚）の時が来るのを待っているものの、朗報はやって来ず、「恨を生じ候時宜にて……」と、あからさまに不満をぶつけている。この手紙から読み取れるのは、自身の境遇を嘆き、自暴自棄気味に弱音を吐く、どこにでもいそうな人物像だ。

奄美大島には、薩摩藩士の重野安繹《やすつぐ》（のちの貴族院議員で著名な歴史学者）も配流されていて、西郷と交流があった。その重野は、度量が狭く敵も多かったという意外な西郷評を残している。ただし西郷の持ち味は「人と艱辛《かんしん》をともにするところ」だったという。重野は続けてこう回想している。西郷は士卒が傷を負えばその傷を啜るといったタイプで、「西郷のためならば死を極めてやる」という者も多く、西南戦争の際には、「薩摩の者は申すに及ばず、他国の婦女子までも、西郷先生ならばと云って、皆戦争に出る気になった」という。

男のみならず、女からも慕われていた西郷だが、彼の女性遍歴についても記しておこう。西郷が最初の妻俊子と結婚したころ、江戸詰暮らしが続いて結婚生活はないに等しく、おまけに家は小姑だらけ。彼女はそんな生活に耐えられず離縁した。やがて西郷は奄美大島へ配流され、悶々とした日々を過ごすが、そんな彼を救ったのが現地の農家の娘・愛加那《あいかな》だった。彼女との間に西郷は菊次郎（のちの京都市長）をもうけたものの、あくまで彼女は現地妻。西郷が鹿児島へ召喚されると、別れが待っていた。そして、西郷が第一次長州戦争の征長軍参謀をつとめあげたのち、慶応元年（一八六五）一月二十八日、三番目の妻となるイト（糸）と結婚した。雨漏りを気にする妻に西郷が「いま日本中が雨漏りしている。わが家にかまっているときではない」といった有名な逸話の相手がイトであった。

三九のミステリー

強硬な「征韓論者」だったというのは嘘！

西郷隆盛が沖永良部島での幽閉生活暮らしを終えて以降、江戸城無血開城を成し遂げるまでの後半生は、本書の中で折に触れて書いてきた。また、維新後、西郷が中央政府の太政官入りするまでの経緯は「廃藩置県」の項で書いた。西郷の後半生のピリオドを飾る「西南戦争」についてはは次のミステリーに譲るとして、ここでは、西郷が太政官入りして明治新政府の参議となった時代の話をしておきたい。

明治四年（一八七一）、岩倉具視《ともみ》・木戸孝允《たかよし》・大久保利通らが欧米各国へ、条約改正へ向けての使節として派遣されると、太政大臣の三条実美《さねとみ》らとともに、西郷は留守政府を任される。その間、留守政府は学制改革や地租改正などの重要施策をおこなうが、新たな問題が持ち上がる。明治六年（一八七三）五月、留守政府は、開国要求（修好通商条約締結要求）をはねつける朝鮮の方針に風穴を開けようとしたが、朝鮮は反発し、日本を「無法之国」と侮辱した。こうして日本国内では朝鮮に軍を派遣しようとする機運が高まる。武力行使によって朝鮮に条約締結を求める「征韓論」である。西郷は板垣退助とともに、強硬派だったというのが通説だ。西郷は同じ強硬派の板垣に手紙を送り、「まず使節を差し向けることがよろしいかと思います。使節を遣わせば（朝鮮政府は）使節を暴殺しようとするでしょう。そうなったら、朝鮮を討つ名目が立ちます。（その使節には）なにとぞ私を御遣わし下されたい。伏してお願いしたい」と述べている。つまり西郷は「暴殺」され、朝鮮へ出兵する（すなわち征韓の）口実をえるための使節の役目を買って出でている。これが西郷を強硬な征韓論者だとする根拠となっている。一方の渡欧組の岩倉・大久保・伊藤博文（旧長州藩士）は外征より内治を優先し、留守政府の西郷・板垣らと意見が真っ向から対立する。

岩倉は、強硬な征韓論者である西郷の意見を封じるには大久保に頼るしかないと考え、大久保を正院（内閣）のメンバーである参議に就任すべく説得し、承諾させる。明治六年十月十四日の閣議で征韓派の西郷と内治優先派の大久保が激しい口論を交わしたが、翌十五日の閣議で西郷の使節派遣案は了承された。こうして西郷・板垣らの征韓派が論戦に勝った。敗れた大久保は太政大臣の三条に辞意を伝え（その後、復帰）、この政局の混乱に窮した三条は苦悩のあまり執務不能の状態に陥る。ところが、ここから逆転劇が演じられる。

閣議で決定した内容は天皇へ上奏しなければならず、太政大臣代理となった岩倉が上奏の機会をとらえ、天皇へ閣議の結果どおり裁可してもらいたくない旨の個人的な意見を述べる。結果、閣議決定は覆され、不裁可となった。こうして征韓論が葬り去られるなか、西郷が辞表を提出し（参議と近衛都督の辞職は認められたが、陸軍大将の辞表は却下された）、板垣と旧佐賀藩士の江藤新平らの征韓派も揃って下野した。こうして野に下った板垣は自由民権運動へ、また、江藤は佐賀で不平士族のボスに担ぎあげられ、佐賀の乱を引き起こす。そして、西郷がこの政変に敗れたことがのちの西南戦争につながるというのが通説だ（以上、明治六年の政変という）。

たしかに西郷はガチガチの征韓論者に思える。しかし、西郷は三条への手紙で「もし朝鮮が交わりを破り、拒絶してきたとしても、朝鮮政府の底意が顕れるところまで交渉を尽くす必要がある。朝鮮政府が使節へ暴挙を図るのではないかという疑念を持ち、非常の備え（戦争準備）をして使節を派遣するのは礼を失することになる」といっている。西郷が平和裏に朝鮮との修好を図ろうとしていた意図が感じられる。そもそも西郷は「陸海軍の派遣はかえって朝鮮官民の疑懼《ぎく》を招く」という思想の持ち主だった。つまり、西郷は「暴殺」という過激な言葉を使っているものの、本音でいうと、征韓の意思はなかったのだ。それではなぜ西郷は板垣に激烈な手紙を送り、自身を強硬な征韓論者だと装ったのか。

このころ、明治新政府にとって最も懸念すべきはロシアの南下だった。とくに樺太《サハリン》南部の日本人支配地域でも、進駐したロシア軍による圧力が強まっていた。朝鮮半島はそのロシアの防波堤の役割を担う。「かえって朝鮮官民の疑懼《ぎく》を招く」といっているとおり、西郷は、朝鮮と良好な外交関係を築き、協力してロシアの南下に対抗すべきだと考えていたのである。だからこそ、使節として自身を朝鮮へ派遣するように訴えたのだ。むろんそれは、平和裏に朝鮮と国交を結ぶための使節であった。「暴殺」というのは、征韓論者である板垣の支持をえるための〝リップサービス〟だと考えられる。

通説では、西郷を征韓派、岩倉や大久保を内治優先派とし、この政変の背後に新政府の政策を巡る対立があったとするものの、以上のとおり、まず西郷が征韓派でないことは明らかだ。歴史学者の毛利敏彦氏は西郷が征韓論者でなかったという主張のほか、大久保の内治優先というのは三条や岩倉を味方につけるための口実にすぎず、その背景には、土肥（土佐と肥前）藩閥勢力の追い落としと薩長藩閥勢力の再結集を図ろうとする大久保と伊藤の思惑があったと述べている（『明治六年政変』『台湾出兵』）。

朝鮮と協力してロシアの南下を防ぐというのが西郷の本当の狙いだった

西郷が「暴殺」という過激な言葉を使っているために後世の人々に誤解され、また、とくに伊藤あたりが、ことさら西郷が危険思想の持ち主であるかのように吹聴したことも禍いしたのだろう。

背景に政策論争があったようにみえるものの、実際には大久保・伊藤の権力闘争だったのである。

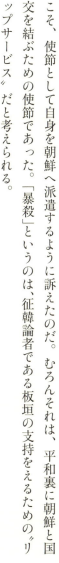

四〇のミステリー

なぜ「西南戦争」を起こしたか

明治十年（一八七七）二月、西郷隆盛を首魁とする鹿児島私学校勢（西郷軍）は総勢一万三〇〇〇名で決起した。その後、新政府（大久保利通を中心とする政権）へ不満を抱く諸隊が九州各地から馳せ参じ、徴募兵を合わせ、総兵力は三万余を数えた。日本史上最後の内戦（西南戦争）の幕が開いたのだ。

この内戦には謎が多い。なかでも「西郷が挙兵した動機」は最大の謎といえるだろう。明治六年（一八七三）の政変に敗れた西郷は、その年の十一月には鹿児島へ帰っている。翌年六月、西郷は旧鹿児島城跡に私学校を設立する。鹿児島士族（旧薩摩藩士）の中には失職している者も多く、西郷は彼らを再教育し、「国難」に備えようとしたのだ。彼が征韓論者でなかったのは明らかだが、西郷は、朝鮮に自ら使節として乗りこみ、日本との国交を求める使節派遣論者だった。彼が懸念するのは大国ロシアの動き。その南下を阻止すべく朝鮮と条約を結び、ともに事にあたろうという考えだ。つまり、このころ西郷が口にする「国難」とはロシアの脅威を指し、もしもロシアが樺太《サハリン》からさらに南下し、蝦夷地（北海道）や本州を狙う事態になった場合に備え、私学校でいわば私兵を養っていたわけだ。決して政権への不満分子を養成していたわけではない。

ちなみに、明治八年（一八七五）、仁川《インチョン》西北部の京畿《キョンギ》湾に派遣された日本海軍のボートが江華《カンファン》島《ド》砲台から攻撃を受け、その報復として日本軍が上陸して砲台を破壊した事件（江華島事件）を口実に、日朝修好条規が結ばれる。しかしそれは、かつて日本が列強諸国にしてやられたのと同じような外交手法である。西郷はそのことに怒りを覚え、「ただ弱気をあなどり、強気を恐れ候」やり方だと批判している。

一方、私学校の運営経費は、旧藩から県庁に引継がれた積立金で賄われており、そのころ、知事にあたる鹿児島県令大山綱良《つなよし》（旧薩摩藩士＝西南戦争勃発の責任を問われ、斬刑に処せられる）の協力もあって私学校が鹿児島県政を掌握するようになっていた。私学校は政府批判を強め、とくに江華島事件と同じ年に日本がロシアと樺太千島交換条約を締結し、樺太の主権を放棄すると、その弱腰の姿勢に反発した。あくまで「国難」に備える覚悟の西郷だったが、私学校の中には相次ぐ不平士族の反乱（萩の乱・佐賀の乱・神風連《じんぷうれん》の乱など）に呼応すべきと説く者まで現れ、必ずしも西郷の思い描いたように事態は進んでいかなかった。西郷は彼らの暴発をおさえてきたが、明治十年の新年を迎えると、鹿児島の蜂起を恐れる政府と私学校の関係は、いよいよ最終局面を迎える。

幕末、島津斉彬《なりあきら》が鹿児島の磯に近代的な工場群（集成館）をつくり、維新後、それぞれ海軍と陸軍省の所轄になっていたものの、そのまま造船所と火薬製造工場は鹿児島に置かれていた。政府はそれら施設の火薬が反乱に使われることを恐れ、民間（三菱）の汽船を派遣して密かに火薬類を鹿児島から運びだそうとした。その動きを知った私学校側は一月二十九日、火薬庫を襲い、弾薬を奪ったのである。

その日、西郷は大隅半島の南端へ狩猟にでかけていたが、私学校の暴発を聞き、膝を打って「しまった」といったと伝わる。この火薬類の搬送は、私学校側の暴発を誘うための政府、とくに大久保の謀略だったといわれる。だとすると、西郷のこの反応はよく理解できる。私学校はまんまとその謀略に引っかかってしまったからだ。じつは同じころ、もう一つ、大久保の謀略だとされる事件が進行中だった。

西郷暗殺計画である。大警視川路利良《としよし》（元薩摩藩士）は少警部中原尚雄《なおお》（同）ら配下の者を鹿児島へ潜伏させ、彼ら密偵に私学校の内情を探らせており、私学校側が火薬庫を襲ったあとの二月三日、その中原がタイミングよく捕らえられる。そして、私学校側は「ボウズヲシサツセヨ」という電報を押収する。ボウズは西郷を指し、その西郷を「シサツ（刺殺）セヨ」という内容の電報だった。中原は拷問にかけられ、西郷暗殺を自白する。のちに中原は、供述内容は拷問による捏造だと否定。「シサツ」は「刺殺」ではなく「視察」の誤りだったともいわれる。

したがって、政府が密偵を鹿児島へ送りこみ、西郷の刺殺を図ったかどうかの真偽は藪の中。もとより、川路の背後に大久保がいて、彼のシナリオどおり、私学校を暴発させるに至ったかどうかとなると、さらに謎は深まる。

ただし、私学校が火薬庫を襲い、中原が捕縛されたのちの二月七日、大久保は伊藤博文（元長州藩士）に「朝廷不幸之幸とひそかに心中に笑を生じ候くらいにこれあり候」と書き送っている。私学校側が挑発に乗って暴発してくれたのは朝廷（新政府）にとって不幸中の幸いであり、心中笑みを禁じえないとして、小躍りしている様子が目に浮かぶ。西郷も、大久保から川路へ密命が下された、つまり、大久保が刺殺未遂事件の黒幕だと思っていたらしく、「やむをえず自分が出京して大久保に尋問する」と大山県令に語っている。こうみてくると、政府側が西郷刺殺の噂を流し、私学校を挑発するために仕掛けた「罠」だったような気がしてならない。暗殺計画を知った私学校幹部は二月五日、作戦会議を開き、西郷が桐野利秋ら幹部だけを伴って上京して政府を問いただしたらどうかという消極案もだされたが、強硬派の桐野が「断の一字あるのみ」と主張。西郷も同意せざるをえなかった。こうして「率兵上京」が決定した。この瞬間、日本最後の内戦がはじまったといえる。

この率兵上京は、かつて西郷の恩師である島津斉彬が構想し、島津久光が藩兵を率いて上洛し、幕政改革を成し遂げることで実現した。こんどは、西郷自身が兵を率い、新政府の非を質そうというのである。

それでは、西郷の心情に即して事態を振り返ってみよう。まず西郷はロシアの南下という「国難」に備えるために私学校を設立したものの、その意思に反して私学校は政府へ不満を抱く不平分子の巣窟と化していった。もちろん、西郷に反乱の意思はなく、政府側も最後の最後まで西郷が私学校勢に与するとみていなかった。すでに二月五日に西郷の腹は決まっていたが、政府は西郷の意思を確認すべく、状況視察を兼ねて薩摩藩出身の海軍大輔・川村純義《すみよし》を鹿児島へ派遣したほどであった。ところが、川村は西郷への面会を断られ、「警視庁から刺客が来たとか何とかいうて、（西郷は）すっかり欺かれてしまっているのだろう」と述べている。前述のとおり、西郷暗殺未遂事件が大久保の陰謀か否かは不明ながら、それが政府側の挑発であったにせよ、私学校は敢えてそれに乗り、西郷を首魁に担ぎだすための手段に使ったのだろう。西郷の立場からすると、桐野ら私学校の幹部にうまく乗せられてしまったことになる。

そのことを裏付ける証言がある。幕末のイギリス公使通訳官アーネスト・サトウが当時、折よく鹿児島に滞在しており、二月十一日、鹿児島病院医師ウイリアム・ウイリスの家で西郷に会っている。サトウによると、西郷には約二〇名の護衛が付き、西郷が二階のウイリスの居間に向かうと、「入るな」といわれたにもかかわらず、護衛の者らは入ろうとして譲らなかったという。これでは西郷が私学校の者らに〝軟禁〟されているようなものだ。彼らは西郷の耳に余計な話を入れたくなかったのだ。西郷が大久保黒幕説を信じたのも、情報を遮断されていたからだろう。

こうして西郷は反乱軍の首魁に仕立て上げられたといえる。川村は西郷の心情を察して「まことに気の毒だ」という感想を漏らしているが、筆者も同じ思いである。だが、西郷ほどの男が単に祭り上げられただけとは思えない。いや、思いたくない。率兵上京して大久保らの非を質す機会に恵まれたらそれで良し、そうはならずに決起が失敗して私学校軍が瓦解しても良し、政府へ叛意を抱く連中をわが身とともにこの世からまとめて葬り去れると考えたのだろう。川村との面会に応じない西郷へ、大山県令が出征延期を求めたところ、西郷はどこか諦めたように「千万むつかしきことならん」と語ったという。

結果、二月二十日に政府の追討令が発せられて賊軍となった私学校勢は、熊本鎮台《ちんだい》（旧熊本城）を越えて田原坂《たばるざか》（熊本市）などで政府軍と死闘を繰り広げるものの、鹿児島への撤退を余儀なくされる。城山（鹿児島市）に立て籠もったのち、九月二十四日、政府軍の総攻撃によって西郷の望んだとおり、私学校は瓦解するのである。

四一のミステリー

すげ替えられた「西郷の首」の謎

明治十年（一八七七）九月二十四日、政府軍の総攻撃にさらされた西郷隆盛は、側近の別府晋介に「もうここらでよか」と告げ、皇居のある東へ向かって拝礼するや、切腹して果てる。享年五十一歳。桐野利秋がその首をどこかに隠すように命じたともいう。西郷の首は新政府軍に見つけられ、政府軍参軍山県有朋（元長州藩士）の検視に供される。彼は西郷の首を見て、のちに「涙下り、実に哀情に耐えられなかった」と回想している。しかし首はニセモノ、いつの間にか、西郷の首が挿げ替えられていたという説もある。昭和五十年（一九七五）には、西郷の首ではないかという頭骨が鹿児島市内の士族墓地から見つかった。のちに鹿児島大学医学部へ鑑定に出され、頭骨の主は年齢五十歳くらいの屈強な男で、西郷の特徴に符合していたという（昭和五十年『南日本新聞』九月二十日付夕刊・昭和五十一年『西日本新聞』十一月十一日付朝刊）。本当に西郷の首は挿げ替えられたのか。死してなお謎を残すあたり、幕末維新を代表する巨魁の最期に相応しい。

生前、西郷は写真を嫌って一枚も撮らせなかったという。太い眉と目、広い肩でおなじみ。

鹿児島市在住の古美術収集家所有の西郷隆盛の肖像画（2017年8月12日放送『歴史散歩偉人たちの末裔は今？』BSジャパンより）

有名なイタリア人キヨソネ筆の「西郷肖像画」は没後に描かれ、弟の従道《つぐみち》と従弟の大山巌《おおやまいわお》の顔を参考にしたモンタージュである。肖像写真が残る元勲たちなら、歴史ファンならずとも誰もが顔を知っているだろうが、写真のない西郷は例外だ。そのことが死後、いくつか謎を生んだ。

首が挿げ替えられたという話のほか、肖像写真の謎もある。写真嫌いでも一枚くらいは撮っているだろうという憶測のもと、西郷の肖像写真探しがはじまり、これこそが真影だという写真がいくつも見つかって、そのつど話題になった。

代表的なものを挙げると、西郷が大久保利通や伊藤博文らと映っているという「六人群像写真」や秋田角館《かくのだて》の旧家の蔵から発見された「大礼服の写真」などなど。フルベッキの「志士群像写真」（二二のミステリー」参照）もその中に含まれる。本書執筆中の二〇一七年八月にも、鹿児島市在住の古美術収集家所蔵の肖像画が民放の番組で公開された。

こうして死後も歴史ファンに話題を提供し続ける西郷だが、死後から十四年たった明治二十四年（一八九一）には、生存説まで広まっていた。

西郷は新政府軍の重囲を破って船でウラジオストックへ逃れ、シベリアに潜伏していたというのである。そして、近く予定されるロシア皇太子の訪日に西郷が同行して帰国するという噂が広まった。源義経がモンゴルへ渡り、ジンギスカンになったという話を彷彿させる。幕末維新の英雄らがすでにこの世を去った明治の半ば、庶民は英雄の復活を乞い願っていたのだろう。死後も待望論が消えない西郷こそ、幕末維新最大のヒーローといえる。

四二のミステリー

島津斉彬は本当に「毒殺」されたのか！

「先君の盛徳大業《せいとくだいごう》は言い尽くすことができない」と、西郷隆盛らが生涯、尊崇してやまなかった薩摩藩主の島津斉彬《なりあきら》。この人がいなければ下級藩士の西郷が世に出ることはなかっただろう。幕末を代表する「名君」の一人だ。

ただし、藩主になるのは遅かった。十代藩主斉興《なりおき》の長男として生まれたものの、斉興の側室お由羅の方が生んだ久光（斉彬の異母弟）を藩主に擁立しようとする一派との間で御家騒動が勃発し、高崎五郎右衛門ら斉彬派の藩士五〇名以上が処罰された。これを「お由羅騒動」「高崎崩れ」といい、大久保利通の父もこの騒動に連座している。しかし、斉彬はそこから巻き返し、大叔父にあたる福岡藩主黒田斉溥《なりひろ》（第八代薩摩藩主島津重豪《しげひで》の子）や伊予宇和島藩主伊達宗《むね》城《なり》、幕府老中阿部正弘（備後福山藩主）らの助力もあって、父斉興を隠居に追いこんだ。斉興は将軍から茶器の赤衣肩衝《あけのかたつき》を下賜され（武人に茶器の組み合わせから「引退せよ」の謎かけだという）、嘉永四年（一八五二）二月、ようやく隠居し、斉彬は四十三歳で十一代薩摩藩主に就いた。その後は鹿児島に西洋式の工場群（集成館）を作り、開明的な政策を進める。

安政五年（一八五八）、大老井伊直弼《なおすけ》（彦根藩主）が将軍継嗣問題や違勅条約を強引に進めると、西郷を江戸に置いて一橋慶喜《よしのぶ》（のちの将軍）を将軍候補に推していた斉彬らは、井伊との政争に敗れる形となった。このころ西郷は薩摩藩士らに、井伊の兵は「柔弱」だから、彦根城を攻め落とすこともさほど難しくないと書き送っている。具体的にそういう計画があったわけではなく、腹立ちまぎれに筆を滑らせただけだと思われるが、斉彬の意思を確認すべく鹿児島にもどった西郷と斉彬の間でこんな会話が交わされたと、池田俊彦氏（鹿児島出身で戦前の県教育界の重鎮）が『島津斉彬公伝』に書いている。

斉彬「いずれにいたせ、このままに打ち捨てておくわけにはいかぬ。そして、その方の見込みはいかが」

西郷「かく相なりました以上、諸藩の力にてはもはや如何《いかん》とも手のつけようもありませぬ。天下有為の諸侯みな井伊大老の権威を畏れ、屏息《へいそく》いたしております」

斉彬「幕政改革の途《みち》、もはや見込みがないというのか」

西郷「いかにも左様でございまする。尋常手段をもってしては到底困難かと考えられます」

斉彬「しからば、非常手段ありというのか」

西郷「はい。朝廷のご威光で幕政の改革を根本的に行わせるほか、策はございますまい」

斉彬「よろしい。しからばその非常手段に出づるほかはあるまい。その方これよりすぐに出立《しゅったつ》いたし、筑前（福岡藩）および土佐にも立ち寄って余の旨を伝えよ。余も時機をみて上京いたすであろう。ことによらば、禁闕《きんけつ》（御所）守護の名のもとに、兵を率いて上洛いたし、威力をもって事に臨む必要ありと心得る」

こうして斉彬は京の近衛関白家や筑前の黒田家、越前の松平家などへの書状をしたため、西郷は六月十八日、鹿児島を発ったという。

ところが、それから一カ月足らず。七月十六日の早朝、斉彬は他界する。七月九日の夜、風邪気味だった斉彬を悪寒と下痢が襲い、翌十日には高熱が出て、下痢を繰り返すうちに体力が消耗し、力尽きるのだ。あまりにも急なことだっただけに、古来より毒殺説がささやかれることになる。幕府が医学教官として招いたオランダ人医師のポンペも、斉彬が亡くなる少し前に会っており、元気な姿を目にしていたことから、毒殺の疑いを抱いている。

では、誰が斉彬を毒殺したというのだろうか。最右翼の候補は実父の斉興。斉彬によって隠居に追いこまれたことも動機の一つになるが、それよりも、斉彬の上洛計画を知り、その策が危ういと感じて、毒をもらせた疑いが強いという。

文久二年（一八六二）に島津久光が藩兵とともに上洛を遂げ、勅使をともなって江戸入りし、幕府に改革実行を迫っているが（文久の改革）、当時はすでに幕府の権威は桜田門外の変などをへて失墜しており、時代がそれを許した面がある。ところが、そこに至るまでには、四年の歳月と歴史のうねりを要する。つまり、朝廷の権威を使い、外様大名が幕政改革にあたるには時が早すぎたのだ。しかも藩兵を率いて上洛するには巨額な出費がかかる。この前代未聞の斉彬の計画を聞けば、斉興ならずとも藩の将来を危ぶむところだろう。

ただし、斉彬がそのときどう考えていたのかを示す一級史料はない。薩摩藩士の吉井友実が西郷から聞いて、斉彬が三〇〇〇の兵を率いて上洛するつもりだったという話が残っている程度。むろん、池田氏（前出）が書いているとおり、西郷と斉彬の間で「非常手段に出づるほかはあるまい」という例の話が出たかどうかも不明だ。具体的な斉彬の計画がわからない以上、それが毒殺にあたるかどうかの判断は難しい。

結論からいうと、斉彬は毒殺されたのではなかったと考えている。治療にあたった藩医はコレラと診断しており、死因は赤痢だったという説もある。コレラにせよ、赤痢にせよ、どちらかに罹っていたとしたら、急死しても不自然ではない。ただし、上洛寸前にコレラか赤痢に罹患するという絶妙のタイミングが疑惑を残しているにすぎない。歴史というのはときおり、こういう悪さをするものなのかもしれない。

四二のミステリー

フリーメイソン説も囁かれる坂本龍馬の「正体」

薩長同盟（盟約）と大政奉還を実現させた男、坂本龍馬——こう書くと、幕末維新は坂本一人の双肩にかかっていたと思えてしまう。しかし、本書で述べてきたとおり、坂本が長州の桂小五郎（のちの木戸孝允）と薩摩の西郷隆盛との会談（俗にこれをもって薩長同盟の成立とされる）に立ち会ったのは事実ながら、犬猿の仲にあった薩長両藩の盟約を実現させたというのは誤りだ。一方、坂本が土佐藩による大政奉還の上表に関与しているのも事実ながら、幕府大目付大久保一翁《いちおう》か政治総裁職松平春嶽《しゅんがく》（前越前藩主）あたりが初めて幕府の政権返上論を語り、両名と交流のあった坂本がそれを受け継いだ形だといえよう。もちろん、坂本はまぎれもない幕末の英雄だが、いったい何者なのかと問うと、意外に答えはすぐに見つからないのではなかろうか。フリーメイソン（イギリスで誕生した秘密結社的団体）のエージェントだったという説すらある。西郷と切っても切れない関係にある坂本の正体を探ってみよう。

土佐の下級藩士（郷士）だった坂本が脱藩したのは文久二年（一八六二）三月。伊予の大洲《おおず》から瀬戸内海を渡り、まず下関の豪商白石正一郎を頼ったとされるが、史料的な裏付けはない。

ただし、その後、上方から江戸へ向かったのは事実だ。十一月に江戸の料亭で坂本は長州藩の久坂玄瑞《くさかげんずい》らと一献酌み交わしている。同じく長州藩士の高杉晋作もその場に居合わせた可能性もある。坂本がその年の三月に脱藩した理由は、薩摩の島津久光が全国の攘夷派の期待を一身に集め、兵を率いて上洛の途にあったからだろう。

勝海舟との有名な逸話はそのころのものだ。江戸桶町《おけちょう》（中央区八重洲）の北辰一刀流千葉定吉の門下だった坂本は、定吉の長男重太郎と攘夷の風潮を嫌う幕臣勝海舟を斬りにいき、逆に勝の話に感化され、門弟になったという話だ。坂本が斬りに来たというのは、勝が後年、語っている話である。坂本はそのまま、幕府の蒸気船順動丸に乗りこんで兵庫へ向かい、そのとき航海術に興味を持ち「世界の海援隊をやる」、つまり世界を相手に交易するという発想に繋がったとされている。一般に、坂本が勝の門下になって松平春嶽はじめ、幕閣の要人とのパイプをもったと考えられているが、事実は逆のようだ。まず十二月五日に坂本が春嶽を訪ね、春嶽は後年、勝への添え状（紹介状）を渡したと述べている。そして四日後の十二月九日、勝は有志三人が訪ねて来て「形勢の議論」をしたと日記に綴っている。その有志の一人が坂本だという。ちなみに、残る二名は、のちに坂本と亀山社中を運営することになる近藤昶《ちょう》（長）次郎と門田為之助《かどたためのすけ》（土佐藩士）だった。坂本は千葉重太郎と勝に会いに行ったわけではなかったのである。わざわざ紹介状を書いてもらったのだから、斬りに来たというのは勝の記憶違いだろう。

ただし、この説にはいくつか疑問がある。

まずは、時の総理といってもいい春嶽が土佐藩の脱藩浪人である坂本と会い、幕府海軍幹部（軍艦奉行並）への紹介状をあっさり書くとは思えない。この疑問に『坂本龍馬歴史大事典』（新人物往来社刊）はこう述べている。坂本は一人で春嶽に会ったわけではなく、近藤（前出）・間崎哲馬（土佐藩士）と一緒だった。間崎は清河八郎と面識があり、清河は当時、浪士組結成を幕府に働きかけていたから、春嶽とのパイプがあったという（「一四のミステリー参照」）。たしかに越前藩の記録を紐解くと、十二月五日、「間崎哲馬・坂下（ママ）龍馬・近藤昶次郎来る」とある。もう一つの疑問はどうして通説のような錯誤が生まれたのかということだ。勝の日記に十二月二十九日（この年の大晦日）、すでに勝の門弟となっていた坂本が千葉とともに勝を訪ねており、これを「海舟が『九日』の出来事と混同して（中略）それが援用されたことによっている」（『坂本龍馬歴史大事典』）という。

ともあれ、こうして坂本は勝の門弟となり、神戸海軍操練所の設立へ向け、勝とともに奔走する。海軍操練所は元治元年（一八六四）五月に開設されるが、その年の九月、勝は初めて西郷と会っている。勝は薩摩藩の吉井友実と面識があり、坂本が吉井と同道して京へ向かった。歴史学者の松浦玲氏によると、当時、征長軍（第一次長州戦争）の参謀として在京する西郷と坂本が会い、坂本が神戸にもどって勝に京都の話（西郷の印象などを含めて）をしたことから、勝が西郷と会うことになったという（『勝海舟と西郷隆盛』参照）。なお、西郷に会った印象を坂本は鉦にたとえ、「少しく叩けば少しく響き、大きく叩けば大きく響く。もし馬鹿なら大きな馬鹿で、利口なら大きな利口だろう」と勝に伝えている。

坂本と西郷の関係が緊密になるのは、海軍操練所が浪人の巣窟だと幕府に危険視され、慶応元年（一八六五）三月に廃止になってから。勝は、坂本ら操練所の訓練生の受け入れを薩摩に求め、西郷らはそれを引き受けた。こうして薩摩藩の庇護を受け、坂本は長崎に亀山社中（のちに海援隊へと発展する）を結成する。薩摩側は坂本らを「航海の手先に召し仕り候」といっている。「手先」というのはあまりいい言葉ではない。「エージェント」と言い換えればいいだろうか。亀山社中は、操船技術を買われた薩摩藩お抱えの貿易結社だったともいえる。坂本ら一部のメンバーには薩摩から生活費が支給されていたようだ。

当時、幕府内では一橋慶喜《よしのぶ》（のちの将軍）・会津藩・桑名藩の「一会桑《いっかいそう》」政権が誕生しており、西郷らは彼らが朝廷内で主導的な地位となることに危惧を抱いていた。よって「朝敵」となった長州藩がこれ以上追いつめられるのは好ましくない。そこで、西郷らは長州藩のしかるべき要人と会い、協議を進める必要を感じていた。そんな西郷にとって、「エージェント」である坂本の存在は貴重だった。一方、坂本も姉（坂本乙女《おとめ》）への手紙で「二三の大名とやくそく（約束）をかたくし、同志をつのり、朝廷より先ヅ《ま》神州をたもつ（保つ）の大本をたて、夫《それ》より江戸の同志と心を合せ、右申所《みぎもうすところ》の（幕府の）姦吏を一事に軍いたし打殺（し）、日本を今一度せんたく（洗濯）いたし申候」と決意を述べている。坂本にとっても、西郷は日本を洗濯するための同志であり、薩長の盟約関係を推し進める意義は大きかった。坂本が西郷と桂との会談を周旋した直後の慶応二年（一八六六）一月二十三日、坂本は伏見の寺田屋で伏見奉行所の捕り方に踏みこまれ、負傷して伏見の薩摩藩邸に匿われている（第二次寺田屋事件）。奉行所が京都所司代に送った事件の報告書によると、その際、奉行所は坂本が所持していた書類を押収している。幕府は薩摩の「エージェント」である坂本と薩摩の関係を怪しみ、薩摩のよからぬ動きの証拠を摑もうと坂本を狙っていたといえる。

そののち薩長両藩の盟約関係が進み、諸外国からの武器・軍艦などの購入が禁じられていた長州は、薩摩藩名義で蒸気船を購入している。薩摩が長州に名義を貸した形だ。坂本の亀山社中はそれまで貿易結社といっても名ばかりで、船一隻持っていなかったが、この薩摩藩籍（事実上は長州の船）の蒸気船（ユニオン号）の操船をおこなうことになった。長州は欲しい蒸気船を手にし、社中も運行する船をえて、貿易結社の形が整うことになる。この取引に長崎のグラバー商会が絡んでいる。長州の井上聞太（のちの井上馨）と伊藤俊輔（のちの伊藤博文）が長崎入りし、薩摩の留守居役と称してグラバー商会を訪ね、亀山社中の近藤らが周旋して取引が成立した。

龍馬が襲われた寺田屋

長崎のグラバー商会は、イギリスのジャーディン・マセソン商会の代理店になっており、スコットランド出身のトーマス・グラバーによって設立された。薩摩はジャーディン・マセソンから蒸気船などを購入しており、その代理店であるグラバーが薩英戦争を阻止すべく腐心していたことは知られている。こうした薩摩とグラバーの関係ゆえ、薩摩お抱えの亀山社中がグラバーと長州との取引を斡旋するのは当然だった。そのグラバーがフリーメイスンの会員だとされ、したがって亀山社中の坂本もエージェントだったといわれるが、日本フリーメイスンのメンバー片桐三郎氏は「『武器商人グラバー＝メイスン説』にはなに一つ根拠がなく、ロマンとしては面白いが残念ながら空想にすぎない」（『入門フリーメイスン全史』）と書いている。

坂本はフリーメイスンのエージェントというより、むしろ、「薩摩のエージェント」というべきだろう。ちなみに、中岡は「長州のエージェント」だったといえる。その薩長両藩のエージェントが京の近江屋で刺客に襲われ、命を落とすのは歴史の皮肉なのだろうか。

四四のミステリー

坂本龍馬が明治新政府の「参議」になっていたかというのは本当か？

土佐の坂本龍馬は慶応三年（一八六七）六月九日、土佐藩士の後藤象二郎《しょうじろう》とともに土佐藩の夕顔丸に乗船し、長崎を発った。その船中で今後とるべき政策を八項目にわたってまとめあげる。有名な「船中八策《せんちゅうはっさく》」だ。その第一に「天下の政権を朝廷に奉還せしめ、政令よろしく朝廷より出づべき事」と、大政奉還の必要性を訴えている。しかし、この「船中八策」には坂本の自筆書が存在していない。海援隊士の長岡謙吉が代書したといわれるが、確実に坂本が起草したといえる証拠はない。

しかし、大政奉還後、公卿三条実美《さねとみ》（のちの太政大臣）に仕えた戸田雅楽《うた》（尾崎三良《さぶろう》ともいう）とともに坂本が「新官制擬定書」案の起草に携わったのは事実だろう。いわば新政府の閣僚名簿ともいうべきもので、新政府を運営する組織（新官制）の基になったといわれる。だが、この名簿には関与しているはずの坂本自身の名がない。そのことを訝しみ、薩摩藩の西郷隆盛が坂本に問いただしたところ、役人になることを嫌がった坂本が「世界の海援隊でもやらんかな」と答えたという話が広く流布されている。これがまた、権力にこだわらず、夢を世界に馳せる彼の気宇壮大な一面を覗かせる逸話だとして坂本の魅力の一つにもなっているが、これも史実かどうかが危ぶまれている。

土佐出身のジャーナリストで民権運動家坂崎紫瀾《しらん》の『坂本龍馬海援隊始末』に引用された官制案に坂本の名がないのは事実だ。しかし、官制案の元本そのものは残っておらず、写本もしくは伝聞などによって複数の官制案が存在している。戸田（前出）が明治の初めに「記憶によりてこれを叙《じょ》す」とした史料があり、そこには「関白　三条実美　内大臣　徳川慶喜《よしのぶ》」に続いて「議奏」「参議」という職制が記載されている。そして、「参議」の候補者として、薩摩の西郷や長州の木戸孝允《たかよし》、土佐の後藤らとともに、「阪本」（坂の字は異なるが原文のまま）の名が記載されているのである。だとすると、役人になることを嫌がった坂本がその名を記さなかったとする話は怪しくなってくる。西郷とのやりとりは、千頭清臣《ちかみきよおみ》という旧土佐藩士の内務官僚が大正三年（一九一四）に著した坂本の伝記に引用されている話であり、出典ははっきりしない。

坂本が暗殺されなかったら、参議として明治新政府の重職を担っていた可能性もでてこよう。

四五
のミステリー

島津久光に近づくためではなかった！本当に「囲碁好き」だった大久保利通

大久保利通（正助）と西郷隆盛は竹馬の友。西郷が中央で政界工作に奔走している間、大久保は国元で島津久光（藩主茂久《もちひさ》の実父）の手綱を握った。もとより〝暴れ馬〟の久光の手綱を操ることは至難の業だった。大久保はどうやって久光の信をえたのかみていこう。

大久保は十七歳のときに記録所書役助に就いている。しかし、嘉永二年（一八四九）、藩主斉《なり》興《おき》の嫡男斉彬《なりあきら》の藩政継承に反対する勢力が斉興の側室お由羅の方の子久光を担ぎ出す形となり、両派による権力闘争が勃発する。大久保の父利世は斉彬派に就いたがために鬼界ヶ島へ島流しとなり、大久保も職を解かれて、謹慎を強いられる。この間、一家は困窮に喘ぎ、利通がわずか金二両（現在の約一〇万円）の借金を申し出るほどの窮状であった。斉彬が藩主になってようやく父が鹿児島へ帰国し、大久保も復職したが、依然、下級役人のままだった。

皮肉なことに、大久保が世にでる契機は、父が一派に加担した斉彬の急死にあった。斉彬の遺命にしたがい、新たに藩主の座に就いたのが久光の長男茂久。しばらくは、茂久の祖父斉興が藩政の実権を握るものの、斉興の死後、久光が実子の茂久を後見し、事実上の藩主として君臨することになる。通説はここから、有名な逸話を語りはじめる。

大久保は精忠組《せいちゅうぐみ》（西郷と大久保らを中心にした下級武士の一派をいう）の同志である税所篤《さいしょ》の兄（吉祥院住職、以下・吉祥院とする）がしばし久光の囲碁の相手を務めていたことから、自身も囲碁を学び、吉祥院を通じて久光に近づいたという逸話である。大久保は極端に口数が少なく、何を考えているかがわからない面がある一方、信念を貫きとおす姿勢が独善的とみられ、同僚の中には大久保を好まない者もいた。彼らからすれば、わざわざ囲碁を習ってまで権力に媚びる姿勢こそ、大久保の権力志向の強さを示す象徴となるのだが、果たして事実なのだろうか。

元士族で鹿児島出身の歴史家勝田孫弥《かつだまごや》氏もその著『甲東逸話』（大久保は甲東先生とも呼ばれる）に、その時の詳細な話を書き留めている。下級藩士の大久保が事実上の藩主である久光に面謁《めんえつ》するのは至難の業。そこで大久保は「世捨人のなすべきことで壮年有為《ゆうい》（有望な）の士が楽しむべき業ではない」と卑下していた囲碁を学びはじめたという。しかし、いったんやるとなったら、初志貫徹するのが大久保の性格。「日夜囲碁を友として精励刻苦《せいれいこっく》倦むことを知らなかった」。ところが、そうして苦労して学んだ囲碁も維新後、「今や転じて、甲東が国務に忙殺せらるるの間に、寸暇を楽しむ慰藉《いしゃ》（なぐさめること）の具となった」。遠謀深慮が高じて大の囲碁好きになったというのである。それはともかく、大久保が久光へ接近しようと必死に囲碁を学んでいたのは、万延元年（一八六〇）三月三日に幕府の大老井伊直弼（彦根藩主）が水戸浪士らに刺殺される少し前だと考えられる。

ところが、その十年以上も前の嘉永元年（一八四八）、まだペリーが浦賀に来航する以前に、当時十九歳であった大久保青年が知人の来訪を受け、囲碁の三番勝負をおこなって負けてしまった事実がある。つまり、久光に近づくために囲碁を学んだのではなく、すでに利通は十代のころから囲碁好きな青年だったのだ。安政六年（一八五九）十二月、井伊大老による安政の大獄の嵐が吹き荒れていたころ、大久保は日記に「(久光へ）吉祥院をもって建白」と記している。こうして彼が久光の囲碁の相手である吉祥院を通じて久光に近づいたのは事実だろうが、わざわざそのために囲碁を学んだというのは史実に反する。たしかに、大久保は下級藩士だが、西郷も島津斉彬の時代に登用されており、薩摩藩では、その才によって下級武士が登用される道が開かれていた。兄斉彬に比べて久光には凡庸なイメージがあるものの、「名君」といわれた斉彬が久光の実子に藩主を指名したのも、その後見役としての久光の実力を買っていたからだろう。

大久保は、久光が上洛もしくは江戸出府する際には必ずといってもいいくらい同行し、慶応元年（一八六五）ごろからは、鹿児島と京都を行ったり来たりしつつ、慶応三年五月以降、西郷らとともに薩摩藩京都藩邸の中心メンバーとして討幕の謀議をこらす。維新後は参議などにも任じられるが、主に内務卿として新政府の柱石を担った。

その内務卿時代の部下である千坂高雅は大久保の暗殺から三十二年たって『報知新聞』の記者の質問に答え、「いやもう、怖くて怖くてたまらなかった」という感想を洩らしている。こんなこともあったという。大久保が病床の木戸孝允《たかよし》を見舞った際、病室の近くでくだけた恰好で雑談していた伊藤博文と槙村正直（いずれも元長州藩士）は大久保の来訪を聞いて震え上がり、にわかに襟を掻き合わせ、袴の襞を延ばして威儀を整えたという。それだけ威厳があったのである。

大久保が暗殺されたとき、たった七五円しか貯えがなかったという話もある。内務卿時代のもう一人の部下である河瀬秀治（元宮津藩士）は、大久保に「万事仕事は君たちに任すから力一杯やれ。その代わり責任はおれが引き受ける」といわれ、事実そのとおり、仕事で過ちを犯しても、大久保がすべて責任を取ったという。威厳があり、清廉潔白で有能な部下を信じていざというときには自身が責めを負う。理想的な上司といえよう。

四六のミステリー

貧乏旗本「勝海舟」大出世の秘策とは？

明治十年（一八七七）九月二十四日、城山（鹿児島市）で西郷隆盛が自害したと知り、勝麟太郎（海舟）は、大事に仕舞っていた文箱《ふばこ》を開けた。そこには西郷ら旧友からの手紙などが保管されている。勝はそれら手紙類を年代順に整理し、それぞれ感想をつけ、『亡友帖』と名付ける。勝にとって西郷は「友」であり、また、勝は西郷の「友」でもあった。

勝は、貧乏旗本の生まれだった。そんな彼が江戸城無血開城で幕府を代表して新政府軍参謀の西郷と交渉する地位まで昇りつめる。西郷の「友」である貧乏旗本の出世物語をみていこう。

勝麟太郎は文政六年（一八二三）、本所亀沢町（墨田区両国）で、旗本勝小吉の長男として生まれた。勝の曽祖父が男谷《おだに》家の株を買い取り、小吉の時代に勝家の養子に入った。勝家を継いだ父小吉の禄高は四〇俵。役付となれば、いわゆる役職手当がプラスされるが、勝家は無役。貧乏旗本そのままの暮し向きだった。

二十三歳のとき、すでに家督を継いでいた勝は、赤坂の福岡藩黒田家の屋敷内に住む蘭学者永井青崖《せいがい》の門人となる。その年に勝は結婚し、青崖の元へ通うのに都合がいいからと、赤坂田町に新居をかまえた。だが、相変わらず無役のまま。彼自身の手記によると、当時、夏の夜に蚊帳さえ吊れず、柱を削って炊ぐという有様だったという。

しかも、蘭学にはカネがかかる。なかでも習得に必須の辞書を買うと何十両もしてしまう。貧乏世帯にはとても手が出ない。そこで勝は、ある蘭学医が日蘭辞書『ヅーフハルマ』を持っているという噂を聞きつけ、一年一〇両の損料（借り賃）を払い、借りることに成功した。この辞書は五八巻もある。勝は一年間で五八巻の辞書を二セット筆写した。損料を支払うため、自身が使うのとは別にもう一セット写し取り、それを売って金に替えたのだ。その苦労はやがて報われる。

三年後の嘉永六年（一八五三）にペリーが来航。アメリカとの国交樹立という政策方針に直面した幕府の老中阿部正弘は、幕臣の中から有能な人材を登用しようとした。このころ勝は蘭書にもとづいて小銃や野戦砲を試作していた。その噂が幕閣の間にも伝わっていたようだ。

安政二年（一八五五）正月、勝は下田取締掛手付として洋書の翻訳勤務を仰せつかる。同年七月には長崎海軍伝習を命じられ、百俵取りになっている。こうして幕臣勝麟太郎の出世がはじまる。貧乏世帯だからといって辞書の入手を諦めていたら、こうはならなかった。このとき三十三歳。寝る間も惜しんで借りた辞書を二冊書写するという奇手を思いついたところに、勝の凄味があろう。

勝が命じられた長崎海軍伝習がまた、次のステップアップに繋がった。人生、いい流れの時にはトントン拍子に話が進むのだ。

幕府はオランダに軍艦の新造を発注していたが、航海技術がないと軍艦を動かせない。そこでオランダから蒸気船を借り、外国人教授から航海術や造船術などを学ぶことになり、勝は伝習生として長崎へ赴いた。長崎での授業は、艦上での実地演習もあり、通訳はいたものの、メモを取る余裕はなく、暗記に頼るしかなかった、そうなると、そこはやはり語学力がモノをいう。伝習生の中で勝が抜きん出る要素はそこにあった。やがて、幕府が発注していた軍艦が長崎に入港し、伝習所の練習艦となった。咸臨《かんりん》丸である。

勝は安政の大獄が吹き荒れるころ、長崎での伝習生としての使命を終え、もどった江戸で軍艦操練所教授方頭取になった。教わる側から、こんどは教官として教える立場になったのだ。この安政六年（一八五九）、勝は赤坂田町の貧乏世帯から赤坂氷川神社裏へ引っ越している。

そして翌年、幕府はアメリカとの条約を批准する遣米使節の派遣を決定する。正使が乗るアメリカ船とは別に、使節を護衛する船（咸臨丸）が必要となり、その乗員は、当然、軍艦操練所の教官から選ばれた。

勝は咸臨丸の艦長ではなかったともいわれるが、果たしてどうか。たしかに、幕府から艦長としての辞令を受け取っていたわけではない。軍艦奉行並である木村芥舟《かいしゅう》も乗船しており、木村の従者になりすまして乗船した福沢諭吉は、艦長は木村だったと書いている。しかし、アメリカ側は木村をアドミラル（提督）、勝をキャピタン（艦長）とみており、やはり、咸臨丸艦長は勝でいいのではなかろうか。

帰国したのは、桜田門外で大老井伊直弼が殺害された直後。幕末の動乱がいよいよ加速する中、役職も蕃書調所頭取助から軍艦操練所頭取、さらに四十歳の時には軍艦奉行へと昇進。役高は二〇〇〇石となった。その間、勝の元には、坂本龍馬ら諸藩の志士が集まり、勝が十四代将軍徳川家茂《いえもち》へ直談判し、元治元年（一八六四）五月、神戸海軍操練所の開設が認められた。幕府や諸藩の人材をここに集約し、勝は、幕藩体制の枠を越え、挙国一致的な海軍をつくろうとしたのだ。

このころが海軍建設という夢へ向けて、勝が最も充実していた時代だろう。ところが翌年、幕閣から「勝が諸生を集めて天下を二分しようとしている」という疑念を抱かれ、神戸海軍操練所は閉鎖される。勝には御役御免が申し渡され、役高の二〇〇〇石も取り上げられ、赤坂氷川神社裏の屋敷で逼塞せざるをえなくなった。

だが、時代が彼を放っておかなかった。慶応二年（一八六六）、江戸城へ呼び出された勝はふたたび軍艦奉行に任じられた。勝が諸藩の志士と交流していることから、長州再征（第二次出兵）に反対する薩摩藩などを説得させるのが幕閣の狙いだった。ところが、長州再征は失敗して幕府の権威は地に堕ち、大政奉還、王政復興のクーデターを経て、鳥羽伏見において旧幕府軍は、薩長を中心とする新政府軍に敗れる。と同時に、勝は陸軍総裁となった。四十六歳のときである。

無役四〇俵取りからの大出世といえるが、もはや、賊軍となった旧幕府は新政府に恭順を貫くしかない。こののち、勝は幕府の軍事取扱として西郷と交渉し、江戸城無血開城をなし遂げるが、そこで燃え尽きた感がある。明治後、新政府の参議兼海軍卿などに就くものの、そもそも、明治後の仕官は望んでいなかったようだ。

鹿児島の士族らが不穏な動きをみせていたころ、勝は政府側から西郷を説得する使者を頼まれたが断っている。大久保利通が嫌いだったからだ。勝は、大久保の伝言を届けるメッセンジャーボーイのような仕事を引き受ける気になれなかったのだ。この大久保への感情とは逆に、西郷との関係は格別だった。

西南戦争の二年後、勝は西郷の記念碑を建て、石碑の表面に西郷の詩を彫らせ、裏面には自身の文を載せた。この石碑はやがて「留魂碑」と呼ばれるようになり、洗足池《せんぞくいけ》（東京都大田区）の畔に、勝の墓とともに建っている。その石碑が勝と西郷の関係を象徴しているように思えてならない。

四七のミステリー

吉田松陰の師・佐久間象山は「天皇の彦根動座」を画策して暗殺された！

八月十八日の政変で失脚した長州藩が朝廷へ汚名返上を願い出ようと、「率兵上京」してくる――洛中にそんな物騒な噂が広まっていた元治元年（一八六四）七月十一日、白昼堂々と幕末の有名人が兇刃《きょうじん》に斃れるテロ事件が発生し、町人たちの不安をかきたてた。

殺されたのは、佐久間象山《しょうざん》（信州松代藩士）。下級藩士の家に生まれながら、学問によって藩主の近習に取り立てられ、江戸出府後は私塾を開き、幕臣の勝海舟や長州藩士の吉田松陰ら多くの門人を育てた。

通説では、彼の傲慢な性格や極端な洋癖が攘夷派の反発を招き、京の三条木屋町で暗殺されたとされている。その日、佐久間は山階宮《やましなのみや》邸から木屋町の宿所にもどったところを襲われた。佐久間は日々、馬に西洋鞍を載せ、まるで西洋の騎士気取りで市中を騎行していた。攘夷派がそんな象山の姿に反発したとしても不思議ではない。暗殺現場の目撃談はいくつかあり定まらないが、馬上の佐久間は木屋町の宿付近で待ち伏せされ、馬を走らせて彼らの攻撃を交わそうとしたが逃れられず、ついには落馬して命を断たれたという。

死後、三条大橋に掲げられた立札に「この者（佐久間のこと）元来西洋学を唱ひ、交易開国の説を主張し（中略）御国是を誤り候罪捨て置き難く候」という暗殺の理由が掲げられている。

しかし、その立札には続きがあった。

「奸賊《かんぞく》会津・彦根二藩に与同し、中川宮と事を謀《はか》り、恐れ多くも九重（宮中のこと）御動座、彦根城え移し奉り候儀を企《くわだて》、昨今《くみ》頻《しきり》に其機会を窺候」

佐久間は会津・彦根の両藩に与し、密かに中川宮らと謀議しつつ、孝明天皇の身柄を彦根城へ移そうとしていたという。ところが、これまであまり、この立札の後半部分が注目されなかった。まさかそんなことはあるまいという思いこみのほか、激しすぎる象山の開国思想が際立っており、攘夷派にとってはそれだけで十分すぎるほど、天誅に値する動機になりえたからだった。

佐久間が暗殺されるのは、「率兵上京」してきた長州藩兵が蛤御門などで会津・桑名・薩摩などの幕府軍と軍事衝突する八日前のことだった。それまで佐久間はどこで何をしていたのだろうか。佐久間は、かつて弟子の吉田松陰（前出）が伊豆下田で密航を企てようとした事件に連座して捕えられ、江戸伝馬町の牢獄につながれたのち、松代での蟄居を強いられた。しかし、当時、将軍後継職となった徳川慶喜《よしのぶ》の顧問として江戸へ呼びもどされ、佐久間は難局打開に頭を悩ませていたのである。慶喜の顧問なのだから、当然、佐久間は会津藩士と交流がある。しかも、会津藩士山本覚馬《かくま》（同志社大学の創立者新島襄の妻となる八重の兄）は佐久間の弟子だった。

このころ、佐久間の『公務日記』には、その山本や同じく会津藩士の広沢富次郎が頻繁に登場し、佐久間が彦根藩士と談じているくだりもある。山本はこのとき会津藩の軍事取締の職にあり、広沢は会津藩公用人。もちろん、天皇を彦根へ遷座させる計画は密事だから、そのことが『公務日記』に記されるはずはないものの、日記の内容からは、佐久間が京都守護職の任にある会津藩の軍事・外務の幹部（山本・広沢）と頻繁に会い、計画実行へ密接な打ち合わせをしていた可能性は窺える。

また、松代藩の家老が書き残した『一誠斎紀実《いっせいさいきじつ》』によると、松代藩主が軍勢を引き連れて近江の大津に着到した事実を知った佐久間は、馬を飛ばしてやって来て、藩主にこう告げたという。

「長州の藩士ら数千人が京都守護職を殺そうと欲し、禁闕《きんけつ》（御所）に迫っています。京都の地勢を察するに防御の利はありません。今日、君（松代藩主）が大津に来られたのは天幸というべきです。玉座（天皇）を彦根城へ遷座すべく建白なさって、天皇が（大津から彦根へ）琵琶湖を渡船する警護を勤められるべきです」

これで暗殺後に掲げられた三条大橋の立札の内容がほぼ事実だったことが確認できる。ただし、非常時に天皇を彦根城へ遷座させる計画は、江戸幕府を開創した徳川家康の遠謀深慮によるものであり、佐久間の発案ではなかった（二一四のミステリー参照）。しかし、このとき佐久間は藩主に「（天皇を）彦根城へ遷幸の後は、ついに皇居を東国に遷し」、つまり、長州の手の届かない江戸へ天皇に遷座願おうという考えまで示している。

この佐久間の計画が、長州藩士の桂小五郎（のちの木戸孝允《たかよし》）らの耳に達するのである。佐久間の策が実行され、天皇が彦根、さらには遠く東国へ遷座したら、長州に汚名挽回の機会は永遠に訪れないことになる。

だからといって桂たちが黒幕となり、刺客団を動かしたという決定的な証拠があるわけではない。ただし、刺客団の中心である肥後藩士の河上彦斎《げんさい》は、人斬り以蔵（土佐藩）と並び称される暗殺者とされ、八月十八日の政変のころより、長州藩と行動をともにしていた。明治になって刊行された『河上彦斎言行録』には「高杉晋作と意気相投じ、交誼口々に厚し」と記されている。河上が桂ら長州藩士から「彦根遷座説」を聞き、佐久間をその陰謀の元凶とみて、自身の判断で仲間を募り、凶行に及んだのではないだろうか。

四八のミステリー

「坂本龍馬暗殺」黒幕の狙いは中岡慎太郎だった！

慶応三年（一八六七）十一月十五日、坂本龍馬は盟友の中岡慎太郎とともに、京都・河原町三条下ル蛸薬師の近江屋で殺される。この襲撃暗殺事件については諸説あるものの、実行犯は京都守護職配下の京都見廻組（幕臣によって結成された京都の治安維持部隊）、彼らに坂本殺害を命じたのは幕府の目付榎本対馬だと考えている。

まず、明治三年（一八七〇）、新政府に身柄を拘束された見廻組元隊士の今井信郎が「剛勇の龍馬刺し留め候」と供述していること。そして勝海舟が事件の翌々年、いまだ下手人探しが混沌とする中、いち早く「榎本対馬ノ（命）令か」と日記に書き残していることが根拠となる。勝は、幕府の大目付松平勘太郎から話を仕入れている。大目付は、勝が殺害指令を下したといっている榎本対馬の上司だ。情報の出所としては信用できる。坂本はかつて伏見の寺田屋に投宿した際、伏見奉行所の捕り方に踏みこまれ、同心を殺害している（第二次寺田屋事件）。今井も、「（坂本が）伏見において同心三名を銃撃し、逸走した」ために、「幕府の命令により、職務をもって捕縛に向かい、格闘したるなり」と告白している。当時大政は奉還されていたが、同心を殺害した坂本の罪が消えるわけではない。坂本は指名手配犯として見廻組に追われていたのだ。

しかし、これで坂本殺害の謎がすべて解けたわけではない。翌日まで生き残った中岡や今井の証言のほか、維新史料編纂官岩崎鏡川《きょうせん》が編纂した記録などにもとづき、暗殺劇の一部始終を振り返りつつ、残る謎を解き明かしていこうと思う。

坂本は越前から京にもどり、常宿にしている三条木屋町の材木商「酢屋」に落ち着くが、幕吏に追われる坂本の身を案じ、土佐藩が藩御用達の醤油商「近江屋」へ、坂本の潜伏先を変更させた。この近江屋と土佐藩邸は、河原町通をはさんで向かい合う距離にある。近江屋の土蔵に潜んでいた坂本は風邪をひき、前日の朝から、母屋二階奥の八畳間に居を移していた。

命を狙われていたのは龍馬でなく中岡慎太郎のほうだった

そこに中岡がやって来る。中岡はまず午後五時ごろ、土佐藩出入りの書店「菊屋」を訪ね、そこのせがれ峯吉に「これを持ちて薩摩屋（薩摩藩士の定宿）に至り、返事は近江屋に持ち来《きた》れ」と命じ、いったん近くにあった谷干城《たてき》（土佐藩士）の下宿を訪ねたものの、谷はあいにく不在だったため、坂本が潜伏する近江屋へと向かう。到着したのが午後六時ごろ。午後七時ごろになって薩摩屋へ使いに出していた峯吉が返書を受け取り、中岡へ復命するため近江屋へ到着する。峯吉が、坂本と中岡のいる母屋二階へ上がると、彼の存在に気づいた坂本と中岡は「はたと談（話）をやめて」視線を峯吉に注ぐ。それまで二人は、ひそひそと密談を交わしていたのだ。

しばらくしてもう一人、土佐藩士の岡本健三郎が訪ねて来た。そこで龍馬は峯吉に「軍鶏《しゃも》を買《こ》うて来よ」といった。腹が減ったので三人で軍鶏鍋をつつこうとしたのだ。しかし、岡本は断った。すかさず中岡が「女に会いに行くのであろう」と岡本を揶揄している。やがて岡本が頭をかきながら峯吉と出て行くと、母屋の二階には、坂本の従者藤吉と中岡をあわせて三人。

午後九時ごろ、案内を乞う声がして藤吉が梯子を下りて出迎えると、相手は十津川郷の者と名乗り、「坂本先生御在宿ならば御意《ぎょい》得たし」という。藤吉も、坂本が十津川郷士と懇意にしているのを知っていたから、怪しむことなく名刺を持って梯子を上がると、後ろから三人の男がついてきて、藤吉を一刀のもとに斬り伏せた。

坂本はすぐ異変に気づいたが、賊二人は八畳間に飛び入るや、一人が中岡の後頭部を斬り、もう一人が坂本の前頭部を横に払った。坂本が床の間の太刀を取ろうと背を向けた瞬間、肩から背骨まで袈裟懸けに斬られ、太刀を抜く隙もなく、坂本は鞘ごと刺客の三太刀目を受けとめたが、刺客は鞘と刀身ごと、坂本のひたいを横に薙ぎ払った。すでに初太刀で前頭部に深手を負っていた坂本の頭からは脳漿が噴きだし、こらえきれず「石川（中岡の変名）刀はないか」

と叫びつつ、その場で昏倒する。やがて刺客が「もうよい」という言葉を残して立ち去ると、坂本はいったん蘇生し、行燈を提げて次の六畳間まで進み、「新助（近江屋主人）、医者を呼べ」と階下へ声をかけたが、「慎太（中岡）、僕は脳をやられたからもうダメだ」という声を最後に絶命した。近江屋の階下では、主人新助の家族が惨劇に震え上がっていた。新助は、悲鳴を挙げようとする妻や子らに「声を立てると殺さるぞ」といい、自身は裏手より脱け出し、土佐藩邸へ急を告げる。

中岡はその後、裏の物干しから隣家の屋根まで逃れ、助けを求めた。ちょうどそのとき軍鶏を買ってもどって来た峯吉が彼を見つけ、中岡は翌日まで生きた。

その峯吉が四条小橋の「鳥新」で軍鶏を買い、竹皮包をさげて近江屋へ引き返してくると、岡本の同僚の嶋田庄作という土佐藩の下目付（下級の監察官）が、近江屋の壁に沿って抜刀したまま立ち尽くしていた。嶋田は「峯吉か、静かにせい。いま龍馬がやられた。賊はまだ二階にいる。出て来たらば斬らうと待ておる」といったが、峯吉が耳を澄ますと階上に人の気配はしない。峯吉は不審に思い、「はや、賊は去りたるならむ」と思って階上へ駈け上がり、中岡を救出するのだ。

以上の流れから、いくつか疑問が浮上してくる。見廻組が指名手配犯の坂本を狙っていたところまでは理解できる。だが、坂本の常宿は酢屋であった。わざわざ土佐藩が坂本の身を案じ、土佐藩邸から至近の近江屋へ潜伏先を変更させた。実行犯の見廻組隊士らは、なぜ土佐藩関係者しか詳細を知らないはずの潜伏先を知っていたのだろう。

当時の土佐藩は、乾（のちの板垣）退助や谷ら藩内の討幕派勢力をおさえ、福岡藤次や後藤象二郎らの大政奉還派が主導していた。彼らは、坂本が殺害される前の慶応三年六月、「薩土盟約」をむすび、薩摩の西郷隆盛や大久保利通らにいったんは、武力倒幕に代わる手段として大政奉還の実現を認めさせることに成功する。同年十月には大政奉還が実現するものの、西郷と大久保はそのころすでに武力倒幕の方針を固めており、福岡ら大政奉還派らは、薩摩に呼応する藩内の討幕派をおさえる必要があった。その藩内の主導権争いは、それぞれ「海援隊」と「陸援隊」を率いる坂本（大政奉還派）と中岡（討幕派）に及んだ。討幕派にとっては坂本が、大政奉還派にとっては中岡が、それぞれ目障りな存在であったといえる。とくに福岡らにとって、薩摩藩に協力して武装蜂起の動きをみせる中岡は、危険な存在に映った。そのため、福岡らが坂本に中岡を説得させようと、近江屋での両者の会合を仕組んでいたといわれる。

中岡は近江屋へ来る前に、峯吉を薩摩藩士の常宿である薩摩屋へ使いに出し、わざわざ返事を近江屋へ届けさせている。西郷ら薩摩の急進派は大政奉還後も討幕を志しており、中岡はまた、土佐藩内の討幕派である谷の下宿も訪ねている。これらの動きは、近江屋で坂本と口論になることを予期し、討幕派の意向を確認して、もはやそれが揺るぎないものだと坂本に示すためだったともいえよう。一方の坂本は坂本で、事件当日、風邪にもかかわらず、二度も大政奉還派の福岡の下宿を訪ねている。坂本も、中岡との対決をひかえ、福岡と打ち合わせる必要を感じたのだろう。だが福岡は二回とも不在だった。その後、峯吉が中岡の使いを果たして近江屋の二階へ上がると、密談中の二人は急な闖入者に驚き、口をつぐんで鋭い視線を峯吉に送っている。通説は、新撰組に捕えられた土佐脱藩浪士宮川助五郎の身柄引き取りについて話し合っていたとするが、二人の反応からして、密談の内容が宮川の身柄引き取りだけとは思えない。やはり、この日のメインは、坂本が中岡の暴発を制止することにあったのではないか。

すると、こういう仮説が成り立つ。大政奉還派の誰か（仮にX氏としておこう）が坂本に中岡を説得させようとした。その話し合いは、管理しやすい場所であることが望ましい。土佐藩邸から近江屋は至近の距離。何かあった際に藩邸から人を出しやすい。よって、坂本の身を案じるふりをしつつ、坂本に近江屋へ居を移させた。

ただし、X氏の狙いは中岡である。できることなら彼の口を封じたいが、公然と土佐藩士を暗殺者に仕立てるわけにはいかない。そこで坂本をつけ狙う見廻組に目をつける。X氏は当然、十一月十五日に坂本と中岡の話し合いが近江屋で行われることを知っている。そこで見廻組にその日の夜、坂本が近江屋にいることをリークする。坂本を欺く形になるが、X氏、つまり黒幕の狙いはあくまで中岡だ。見廻組のターゲットは坂本ながら、X氏は、当然同席している中岡も殺害するだろうと読んでいたはずだ。坂本はこの謀略の犠牲者であり、利用されたにすぎない。いわば、中岡暗殺の巻き添えになって死んだことになろう。

ここで思い出していただきたいことがある。土佐藩士の岡本が近江屋の二人を訪ねたが、軍鶏鍋を一緒に食べようという坂本の誘いを断ってすぐに近江屋を立ち去ったという話だ。女のところへ行くのだろうと中岡にからかわれ、岡本は頭をかいてごまかしたが、それは彼の演技。岡本はX氏から命じられ、龍馬と中岡が揃って近江屋にいることを確認する役目を担っていたのだろう。坂本が宿所である近江屋にいるのはわかっているが、中岡が本当に近江屋に来ているかどうか確認する必要があったからだ。坂本がいても、中岡がいなければこの謀略の意味はない。近江屋にもどって来た峯吉が不審に思った嶋田も、岡本と同じくX氏の指示を受けていたはずだ。

たしかに嶋田の行動も不可解だ。すでに刺客が立ち去った後なのに、峯吉に「賊はまだ二階にいる」といい、立ち入りを拒んだ。しかし峯吉は、嶋田の制止を振り切って二階へ駈け上がり、まだ息のあった中岡を保護するのだ。峯吉はこのとき十七歳。嶋田は下目付の職務にあり、役目柄、幾度も修羅場を踏んでいるはずだ。その嶋田が十七歳の少年に手柄を挙げられるのは不自然極まりない。X氏の指示で近江屋を見張り、結末を報告する任務を担っていたのではなかろうか。

ではX氏は誰なのか。坂本が風邪をおし、福岡の下宿を二度訪ねているが、二回とも留守にしていたというのが怪しい。不在であれば、何とでもあとで言い逃れできるからだ。筆者は、福岡がX氏だったのではないかと考えている。

こんな話もある。坂本を尊崇してやまない谷は、明治三十九年（一九〇六）、坂本と中岡が眠る京都霊山《りょうぜん》護国神社（京都市東山区）で大演説をぶち、坂本を斬ったと告白した元見廻組隊士の今井を批判した。あらためて実行犯グループは新撰組だと主張したのである。その六年前、『近畿評論』という雑誌が今井犯行説を掲載し、世間に坂本殺害の実行犯は見廻組という話が広まったあとの話である。しかも、今井は新政府の取り調べに犯行を認めており、新政府の要人であった谷が今井の証言を否定するのは不自然だ。谷は坂本殺害後、その犯人探しに奔走し、土佐藩が犯行に絡んでいたという核心を摑んだのではないだろうか。実行犯の見廻組から、犯行に関わる土佐藩の名が浮上することを恐れ、犯行には無関係な新撰組に、無実の罪を着せることに躍起になったともいえよう。

四九
のミステリー

「弁慶橋」が架かっていたら暗殺されずにすんだ大久保利通

この日は参内の予定があった。明治十一年（一八七八）五月十四日、午前八時ごろ、大久保利通はフロックコートに山高帽をかぶり、二頭立ての箱馬車に乗り、東京・霞ヶ関三年町の私邸を出た。

馬車の伴乗台《とものりだい》に馬丁《ばてい》が座り、その隣で馭者《ぎょしゃ》が手綱を取って、馬車は紀尾井《きおい》町（江戸時代に紀伊・尾張・井伊家の藩邸があったからこう呼ばれる）の清水谷にさしかかった。そのときだった。男が二人、叢《くさむら》から馬車の前に姿を現わし、馬の前脚を斬りつけた。一刀目は外したが、二刀目が命中し、馬車が止まった。同時に、後方から四人の男が躍り出てくる。彼らはみな、短刀を持って馬車に走り寄って来た。馬丁は助けを乞うため、白刃をくぐり抜け、何とか逃げおうせたが、馭者は斬り殺された。

襲撃に気づいて馬車左側の扉から脱出しようとした大久保は、頭や腰を斬りつけられ、馬車から引きずり出される。それでも大久保は七、八歩、ヨロヨロと歩きだした。そこを男たちはメッタ斬りにし、大久保は絶命したという。これを紀尾井坂の変という。

大久保はいわずと知れた明治の元勲。すでに盟友だった西郷隆盛はこの世になく、大久保は内務卿として事実上、明治新政府の宰相の地位にいた。

一方、大久保を襲ったテロリストは計六人。石川県士族の島田一良《いちろう》・長連豪《ちょうつらひで》・杉本乙菊《おとぎく》・脇田巧一・杉村文一、島根県士族の浅井寿篤《じゅとく》だ。いわゆる不平士族と呼ばれる輩だ。彼らは大久保殺害後、その斬姦状を掲げて自首するが、斬姦状には、民権を抑圧し、国を徒費させ、慷慨忠節の士、つまり、政府に批判的な士族らを排斥したなどと、大久保を糾弾している。しかし、その批判は当たらない。とくに大久保は、士族たちに生活の基盤を与える士族授産政策に積極的であった。テロリストたちは、彼らの庇護者であるはずの政府要人を殺害してしまったことになる。

それにしても、なぜこうもたやすく政府最高指導者が殺害されてしまったのだろうか。たしかに、テロリストたちが用意周到に準備していた面はある。彼らは、大久保がどのような馬車に乗り、どういうルートで仮御所（仮皇居）へ参内、つまり、出勤するか、調べあげた。

しかし、大久保にとって、いくつかの不運が重なり合ったことがこの惨劇を招いたといえよう。

テロリストたちが襲撃場所に選んだのは、いま現在、ホテルニューオータニと東京ガーデンテラス紀尾井町（旧グランドプリンスホテル赤坂）の間を通る道。外堀にかかる弁慶橋によって赤坂見附方面へと通じ、大勢の通行人で賑わっている。しかし、弁慶橋が架けられたのは、明治二十二年（一八八九）。それまで紀尾井町側と赤坂側の住民らは遠く迂回して行き来していたから、便利になって住民に大変喜ばれたという。逆にいうと、橋が架かるまで、紀尾井町方面の道は、ほとんど人通りがなかったことを意味している。事実、テロリストの一人、長連豪が関係者に語ったところによると、襲撃場所に適した場所があり、そこは「淋しい所であって、物騒な所であった」と述べている。つまり、馬車でやって来る大久保を襲うには、これ以上の適地はなかったのだ。大久保が殺害された明治十一年当時、もし弁慶橋が架かっていたら、周囲の様相は一変し、テロリストたちは襲撃場所を探すのに苦労しただろう。これが第一の不運だ。

それから、当時、江戸時代に紀州藩邸だったところに仮皇居が置かれていたことが第二の不運となった。明治の初めに旧江戸城の西ノ丸御殿が焼失し、旧紀州藩主徳川茂承《もちつぐ》が旧藩邸の土地を皇室に献上し、仮皇居が置かれた。明治の半ばに新しい宮殿が旧江戸城内に建設された後、フランスのベルサイユ宮殿を模して、仮皇居跡に東宮御所が建設され、現在は迎賓館となっている。もしも旧江戸城の皇居が焼失しなかったら、大久保が人通りの少ない紀尾井町の清水谷を通ることもなかったのだ。

それにしても、大久保はどうして、淋しく物騒な道を選んで参内していたのだろうか。

霞ヶ関三年町の私邸から赤坂御門（赤坂見附付近）へ至るルートは問題ない。赤坂御門からは、外堀に沿う大通りを使い、赤坂の仮御所へ向かうのが一般的。殺害日当日、他の政府要人もこの道を通っている。ところが大久保はわざわざ人通りの少ない清水谷から、紀尾井坂と喰違《くいちがい》御門をへて、仮御所へ向かおうとした。なぜなのだろう。

大久保の馬丁は「旦那様は、赤坂見附外は、人通りがあって危険であるし、清水谷は近くもあると申されて……」と述べている。この問題に詳しい遠矢浩規氏（『利通暗殺―紀尾井町事件の基礎的研究』参照）は、「人ごみを避けようとしていたのかもしれない」と解釈しているが、それのみならず、馬車が庶民の通行の妨げになることへの配慮だったのかもしれない。その庶民を思いやる姿勢が仇となった。

そして、大久保の最大の不幸は、この日の夕刻、清国公使の招きに応じる予定になっており、いつも携帯している短銃を人に預けていたことであろう。それゆえ、咄嗟に反撃できず、命を落としたのである。

五〇のミステリー

明治天皇「暗殺説」「替え玉説」は本当か！

幕末維新史最大のミステリーがこれだろう。荒唐無稽に聞こえる話だが、論じるほうは大真面目。明治天皇が替え玉だったとする説だ。

幕末の慶応二年（一八六六）十二月二十五日、「近年、御風邪など一向に御用心もなさらず遊ばし、御壮健」（『中山忠能日記』）だった孝明天皇がわずか一〇日ほど病に伏しただけで突如崩御した。よって、暗殺説が当時から囁かれていた。幕末の外交官アーネスト・サトウも著書に「天皇（ミカド）は天然痘にかかって死んだということだが、数年後に、その間の消息に通じている一日本人が私に確言したところによると、毒殺されたのだという。この天皇は、外国人に対していかなる譲歩をなすことにも、断固として反対してきた」（『一外交官の見た明治維新』）と書いている。孝明天皇は幕府を重んじる気持ちが強く、よって討幕派に毒を盛られたといわれる。討幕派の公卿岩倉具視が疑われるのも、そうした噂があったからだ。岩倉とともに、伊藤博文も共犯者に名を連ねている。韓国初代統監に就いた伊藤は明治四十二年（一九〇九）十月、旧満州のハルビン（中国）で韓国人の安重根《あんじゅうこん》に狙撃されて命を落とすが、安は伊藤に対する一五ヵ条の「斬奸状」をしたためており、伊藤の罪の一つに、明治天皇の父（孝明天皇）を弑殺する大逆道を企てたとあるからだ。孝明天皇の崩御によって第二皇子の睦仁《むつひと》親王が翌慶応三年一月九日、まだ元服前でありながら、践祚《せんそ》して明治天皇となるものの、これまた、伊藤が討幕派の岩倉具視と謀《はか》り、即位前の睦仁親王をも暗殺したというのが太田龍氏（著書『長州の天皇征伐』参照）らによる「天皇替え玉説」の根幹である。だとすると、睦仁親王になりすまし、明治天皇として即位したのは誰なのか。

この陰謀説によると、鎌倉幕府を倒しながらも足利尊氏（室町幕府初代将軍）と「北朝」の天皇らによって吉野へ追われた「南朝」の後醍醐天皇の末裔となる大室寅之祐《おおむろとらのすけ》（奇兵隊士）こそが明治天皇だという。幕末の群像写真の項（「二二一のミステリー」参照）で「明治天皇が写っているとして一時話題になった」と書いた。正確にいうと、明治天皇になりすました大室が群像写真に写っていることになる。孝明天皇は「北朝」の流れを汲んでおり、かの吉田松陰がのちの新政府の要人となる者らに「やはり本来の天皇家の血筋にもどすべきだ」と進言し、長州藩内（現在の田布施《たぶせ》町）で匿まわれていた大室に伊藤らが帝王学を教えこみ、天皇に担ぎ上げたという（中丸薫著『天皇生前退位と神国・日本の秘密』参照）。話としては面白い。だが、実証史学の面でいうとあまりにも証拠に欠く説だといえよう。もちろん、これだけの陰謀が本当にあったとして、首謀者らがそう簡単に証拠を残すとは思えないが……。

参考文献一覧

※本文中で紹介した文献も含む。

【書籍】（順不同）

三谷博著『ペリー来航』（吉川弘文館）／池田俊彦著『島津斉彬公伝』（中公文庫）／芳即正著『島津斉彬』（吉川弘文館）／同著『島津久光と明治維新』（新人物往来社）／町田明広著『島津久光　幕末政治の焦点』（講談社選書メチエ）／家近良樹著『西郷隆盛と幕末維新の政局』（ミネルヴァ書房）／安藤優一郎著『西郷隆盛伝説の虚実』（日本経済新聞出版社）／同著『西郷隆盛の明治』（洋泉社）／大野敏明著『西郷隆盛の首を発見した男』（文春新書）／『歴史群像シリーズ⑯西郷隆盛』（学習研究社）／田中惣五郎著『西郷隆盛』（吉川弘文館）／萩原延壽著『遠い崖 アーネスト・サトウ日記抄⑺江戸開城』（朝日新聞社）／同著『遠い崖――アーネスト・サトウ日記抄⒀西南戦争』（同）／落合弘樹著『西南戦争と西郷隆盛』（吉川弘文館）／小川原正道著『西南戦争』（中公新書）／斎藤充功著『消された「西郷写真」の謎』（学研パブリッシング）／母利美和著『井伊直弼』（吉川弘文館）／吉田常吉著『井伊直弼』（吉川弘文館）／小林修著『南摩羽峰と幕末維新期の文人論考』（八木書店）／青山忠正著『明治維新と国家形成』（吉川弘文館）／同著『明治維新史という冒険』（思文閣出版）／三好徹著『史伝伊藤博文（上）』（徳間書店）／毛利敏彦著『明治六年政変』（中公新書）／同著『台湾出兵』（中公新書）／勝田政治著『廃藩置県』（講談社選書メチエ）／飯沼一元著『白虎隊士飯沼貞吉の回生』（ブイツーソリューション）／高橋敏著『小栗上野介忠順と幕末維新』（岩波書店）／井沢元彦著『逆説の日本史 幕末年代史』（小学館）／佐々木克監修『大久保利通』（講談社）／田中彰著『幕末の長州』（中公新書）／アーネスト・サトウ著『一外交官の見た明治維新』（岩波文庫）／増田光明著『新撰組五兵衛新田始末』（崙書房出版）／冨成博著『新選組・池田屋事件顛末記』（新人物往来社）／松浦玲著『新選組』（岩波新書）／同著『勝海舟と西郷隆盛』（同）／同著『坂本龍馬』（同）／『坂本龍馬歴史大事典』（新人物往来社）／片桐三郎著『入門フリーメイスン全史』（アム・アソシエイツ）／宮地佐一郎編『龍馬の手紙』（講談社学術文庫）／木村幸比古著『龍馬暗殺の謎』（PHP新書）／西尾秋風著『竜馬謀殺秘聞余話　新資料にもとづく竜馬暗殺事件の解明』（京都龍馬会）／新人物往来社編『龍馬暗殺の謎を解く』／千頭清臣著『坂本龍馬伝』（新人物往来社）／保谷徹著『幕末日本と対外戦争の危機』（吉川弘文館）／太田龍著『長州の天皇征伐』（成甲書房）／中丸薫著『天皇生前退位と神国・日本の秘密』（成甲書房）／『新修広島市史第二巻（政治史編）』／『宇都宮市史』第六巻（近世通史編）／佐々木克編『幕末維新の彦根藩』（彦根市教育委員会）／山口貴生著『日本の夜明け　フルベッキ博士と幕末維新の志士たち』（文芸社）／高谷道男編訳『フルベッキ書簡集』（新教出版社）／遠矢浩規著『利通暗殺―紀尾井町事件の基礎的研究』（行人社）／原田久著『幕末・

維新と筑前・福岡藩』／植松忠博著『士農工商』（同文舘）／中山勝著「明治元年・所謂「東北朝廷」成立に関する一考察」（『近代日本史の新研究1』所収）

【雑誌】（順不同）
岩下哲典著「ペリー来航をめぐる「狂歌」「虚説」「偽文書」「虚構」」（『日本歴史』二〇一五年一月号）／今津浩一著「日米和親条約における領事駐在規定をめぐる考察」（『開国史研究』二〇一〇年三月号）／赤城毅著「クリミア戦争の世界史的意義について」（『上越社会研究』一九九九年一〇月号）／田村省三著「時代を変えた蒸気船と幕末薩摩藩の資金調達」（『鹿児島地域経済センター（KER）ビジネスパートナー』二〇一〇年秋号）／門田明著「グラバー商会と薩英戦争」（『日本貿易学会年報』一九七九年一月号）／三野正洋著「薩英戦争と下関戦争「常識のウソ」」（『歴史通』二〇一〇年三月号）／高柳毅著「西南戦争はなぜ起きたのか？」（『日本主義』夏号）／河原宏著「西郷生存伝説の構造」（『時代の眼』一九七七年九月号）／渡辺武著「西郷隆盛の肖像」（『日本歴史』七月号）／高橋佐知著「肖像写真は存在するのか？」（『歴史読本』一九九九年七月号）／武藤真著「新発見の「ええじゃないか」資料――『天降記』」（『名古屋市博物館研究紀要』二〇〇〇年度）／田村貞雄著「「ええじゃないか」序曲―長州征伐高札の撤去と祝祭の高揚―」（『国際関係研究』二〇〇三年七月号）／同著「御札降りの仕掛け人たち」（『同』二〇〇七年一月号）／中江克己著「鳥羽伏見戦争」（『歴史読本』二〇〇一年八月号）／星亮一著「会津戦争母成峠の戦い」（『月刊地図』二〇〇六年八月号）／石川徳男著「河井継之助従者松蔵の直話」（『長岡郷土史』一九七九年一一月号）／稲川明雄著「河井継之助と長岡藩」（『歴史読本』二〇一三年三月号）／長尾宇迦著「「東武天皇」即位事件」（『歴史読本』二〇一〇年八月号）／小林和幸著「谷干城の慶応三年」（『駒沢史学』二〇〇五年一月号）／原口清著「禁門の変の一考察（一）（二）」（『名城商学』一九九六年九月・一二月）／一坂太郎著「討幕の密勅は内部の結束を強めるためだった」（『歴史読本』二〇一〇年七月号）／同著「桂小五郎「京都日誌」」（『歴史読本』二〇〇六年五月号）／松岡司著「坂本龍馬「京都日誌」（同）／寺島宏貴著「大政奉還と「職制案（新官制擬定書）」」（『19世紀学研究』二〇一三年三月号）／家近良樹著「坂本龍馬あて木戸孝允書簡を読み直す　薩長同盟は過大視されている」（『中央公論』二〇一〇年一〇月号）／高橋秀直著「薩長同盟の展開」（『史林』二〇〇五年七月号）／村瀬寿代著「長崎におけるフルベッキの人脈」（『桃山学院大学キリスト教論集』二〇〇〇年三月号）／諸洪一著「明治六年の征韓論争と西郷隆盛」（『日本歴史』）（二〇〇二年一二月号）

[略歴]

跡部 蛮（あとべ・ばん）

歴史研究家・博士（文学）

1960年大阪市生まれ。立命館大学経営学部卒。佛教大学大学院文学研究科（日本史学専攻）博士後期課程修了。出版社勤務などを経てフリーの著述業に入る。古代から鎌倉・戦国・江戸・幕末維新に至る日本史全般でさまざまな新説を発表している。別名で社会経済分野のノンフィクションも多数。主な著書に『戦国武将の収支決算書』（ビジネス社）、『「道」で謎解き合戦秘史 信長・秀吉・家康の天下取り』『秀吉ではなく家康を「天下人」にした黒田官兵衛』『古地図で謎解き 江戸東京「まち」の歴史」』『信長は光秀に「本能寺で家康を討て！」と命じていた』（いずれも双葉社）ほか多数。

教科書には書けない！　幕末維新おもしろミステリー50

2017年10月22日　　第1刷発行

著　者　跡部 蛮

発行者　唐津 隆

発行所　株式会社ビジネス社

〒162-0805　東京都新宿区矢来町114番地 神楽坂高橋ビル5F
電話　03(5227)1602　FAX　03(5227)1603
http://www.business-sha.co.jp

〈カバーデザイン〉中村聡
〈組版〉茂呂田剛（エムアンドケイ）
〈印刷・製本〉中央精版印刷株式会社
〈編集担当〉伊藤洋次　〈営業担当〉山口健志

ISBN978-4-8284-1980-0

ビジネス社の本

「やり抜く力」が磨かれる！
西郷どんの言葉

明治大学教授
齋藤 孝……著

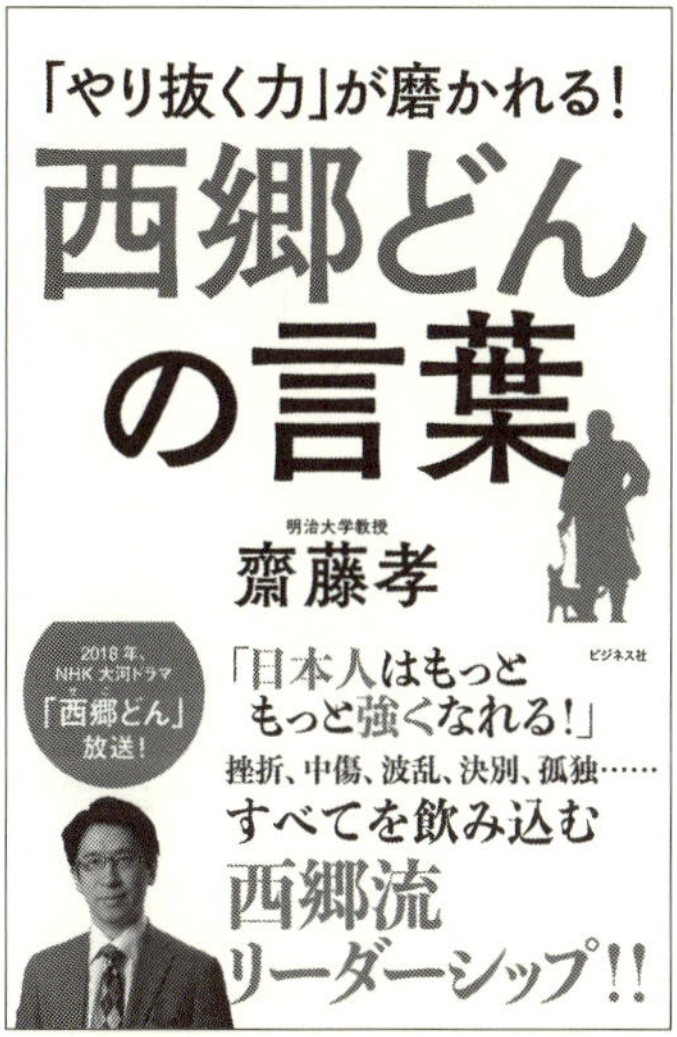

定価　本体1300円+税
ISBN978-4-8284-1975-6

「日本人はもっと強くなれる！」

挫折、中傷、波乱、決別、孤独……

すべてを飲み込む西郷流リーダーシップ!!

やっぱり西郷隆盛はすごかった！

「智仁勇」でわかる生き方のコツ!!

本書の内容